R S Tomek

Die sieben Regeln des Glücks

Die Erfolgsgeheimnisse des Clubs Epikur

D . F I S C H E R
Edition Epikur

ISBN 3-923135-25-4

DM 24.-

Impressum

Reinhard Stefan Tomek

Die sieben Regeln des Glücks

Verlag D.Fischer in Firma GfB & Partner KG
19395 Hof Retzow
"Im Ökohof", Tel:/Fax 038737 /20292

Auslieferung: BDK Bücherdienst Köln

R S Tomek 1994

Die sieben Regeln des Glücks

INHALT

Einführung

Ein mystisches Erlebnis

Wer war Epikur ?

Die Philosophie Epikurs

Das Geheimnis der verschwundenen Schriften

Synergie. Das Synergiesystem Freude

Die Regeln des Club Epikur

1. Regel

    Die persönliche SYNERGIE BILANZ erstellen
    Mensch und Seele = ein Synergiesystem
    Die Synergiebilanz als Mittel der Selbsterkenntnis
    und der Steuerung

2. Regel

Erkenne, was dem Körper Freude macht
Das Sonnengebet, ein Jungbrunnen
Genieße Dich gesund : Die Ernährungsregeln

3. Regel

Freude als UMWELTZIEL
Die Ökologie der Freude

4. Regel

Freude als strategisches Ziel
Die ÖKONOMIE der Freude

5. Regel

Wie man Freude gewinnt und Glück in seinen Beziehungen findet
Leitlinien zur Freude am Sex

6. Regel

Das Geheimnis von Nutzen und Ordnung

7. Regel

Die Krise als Chance begreifen

Epikur-Zitate

Frage: Warum haben die Bücher von R.S.Tomek ein Loch?

Nachwort

Einführung

Jeder Mensch strebt nach Glück.
Die meisten verstehen darunter Erfolg in seinen zahlreichen Bilderbuchvarianten: ein gutes Einkommen, die Erfüllung aller materielle Wünsche, Ansehen und Liebe (meist geliebt zu werden). Allenfalls noch Gesundheit und Lebensfreunde, wobei die meisten glauben, daß sich diese von selbst einstellen (oder nicht), wenig abhängig vom eigenen Wollen und Wünschen sind.
Manche Menschen scheinen tatsächlich das Glück "gepachtet zu haben", wie das Sprichwort sagt. Andere haben immer nur Pech.

Manche meinen resigniert, Glück (im Sinne von materiellem Erfolg und Macht) haben nur skrupellose Menschen. Menschen, die sich dem Bösen verschrieben haben und für Geld alles tun.

Bei näherer Betrachtung aber stellt sich heraus, daß jene, die sich zynisch nur der materiellen Macht und den Götzen Kapital verschrieben haben, keinesfalls auch immer glücklich sind.

Nicht einmal durch Arbeit, Fleiß und - wohlmöglich - Bildung kommt das Glück automatisch. Stattdessen vielleicht Karriere.
Manche wiederum sind materiell abgesichert, kunstsinnig, tun Gutes, sind erfolgreich, haben eine gute Beziehung und werden trotzdem krank, sterben frühzeitig und hinterlassen fassungslose, unglückliche Menschen.

Vor kurzem brachte eine große Illustrierte sogar eine Titelstory über erfolgreiche, gesund lebende Manager, Schauspieler und Politiker, die plötzlich an Krebs sterben - und keiner weiß warum.

Andere haben wenig Mittel, keine große Sicherheit, sind aber glückliche, begabte Menschen, begnadete Künstler oder oft auch Lebens-Künstler, denen niemand und nichts etwas anhaben kann und die eine ansteckende Heiterkeit verströmen.
Warum das so ist, wird im Kapitel "Freude und Glück: Ein Synergiesystem" beschrieben.

Tatsächlich gibt es viele Menschen, die Gutes tun, die wahrhaftig leben, die materiellen Wohlstand, ein erfülltes Liebes- und /oder Familienleben haben, die gesund sind, sich mit Kunst beschäftigen - auch Einfluß durch ihr Ansehen haben -, und die Glück ausstrahlen; sich selbst und anderen geben, obwohl das Böse versucht hat, sie durch Kerker und Folter umzubringen oder zu brechen, wie in neuerer Zeit einen Nelson Mandela oder einen Vaclav Havel.

Diese verströmen so viel Kraft, daß sie sogar ihre Feinde bekehren.

Alles, was solche Menschen beginnen, scheint ihnen zu gelingen. Sie strahlen Zuversicht und Freude aus.

Ist es Zufall? Schickung? Genetische Programmierung ?

Oder gibt es ein Geheimnis mit Regeln und Methoden, mit erlernbaren Formeln und Verhaltensweisen ?

Auf der Suche nach einer Philosophie, also nach einem Sinn für das Leben in dieser Welt, stieß ich eines Tages auf den griechischen Philosophen Epikur und nutzte seine Erkenntnisse für zwei Bücher. Und in einer Situation größter Not, in der meine psychische und physische Zerstörung drohte, wurde ich in die Geheimnisse seiner Epigonen, die eine Art Club bilden, der weltweit agiert, eingeführt. In seine Regeln und Methoden.
Bisher haben wir nur Bruchstücke davon erfahren. Manches ist als Volksweisheit weitergegeben worden, ohne daß der Zusammenhang klar war oder die Herkunft, wie zum Beispiel des Spruches: "Wenn es am Schönsten ist, soll man aufhören".

Die Regeln und Weisheiten haben mir aus einer zerstörerischen Situation herausgeholfen und mich zu einem glücklichen Menschen gemacht, wobei ich selbst immer noch ein Lernender bin.

Heute weiß ich, daß dieses Glück kein Zufall ist, sondern Teil eines ganzheitlichen Planes, den der große Baumeister der Welt programmiert hat und über dessen Grundzüge der große Philosoph Epikur bereits vor 350 Jahren vor Christus geschrieben hat.

Und meine Zusammenfassung dieser Regeln, zum jetzigen Zeitpunkt zu veröffentlichen, ist selbst Teil dieses Planes.

Es ist im Sinne des großen Lehrmeisters der Freude, Epikur, daß ich seine Geheimnisse weitergebe.

Reinhard Stefan Tomek

Ein mystisches Erlebnis

Eigentlich wollte ich ja Künstler werden. Schriftsteller. Beim Schreiben fühlte ich mich am wohlsten. Doch die Eltern und die bürgerliche Umwelt verlangen nach ordentlichem Einkommen, "einer gesicherten Existenz", was immer man darunter verstehen mag. " Dann könne man es sich ja leisten, Künstler zu sein". Also orientierte ich mich danach, und Trotz und Fähigkeiten, vor allem aber der nicht zu unterdrückende Einfallsreichtum der künstlerischen Natur in mir, führten dazu, daß ich mit 32 Jahren mehrfacher Millionär, Besitzer einer schönen Wohnung in Monte Carlo, einer kleinen Jacht und dreier Autos war. Aber: Ich war geschieden, und ich war nicht glücklich.
Ich versuchte zu schreiben. Also den Geschäftsmann und Unternehmensberater Tomek aus- und den Künstler einzuschalten. Aber es wurde nichts Rechtes daraus. Auch die zweite Liebesbeziehung zog mich zwar zu immer stürmischeren Momenten der Lust, aber auch der Eifersucht. Glück war es nicht. Es war dies eine Zeit, wo ich zwischen Glück, Lust und Freude, wie so viele Menschen, auch gar nicht unterscheiden konnte.

Nahezu gierig griff ich nach einer mir angebotenen Aufgabe, die so komplex und schwierig war, daß sie mich voll vereinnahmte und mir keine Zeit mehr ließ, darüber nachzudenken, was Glück eigentlich ist.

Eine große Unternehmensgruppe hatte mir angeboten, ein wunderschönes, altes Grandhotel in Bad Gastein, das viele Jahre geschlossen war und total renoviert werden mußte, zu sanieren.
Ich fuhr also über Italien durch das Salzburger Land nach Bad Gastein in die österreichischen Alpen. Ein Ort mit Geschichte, heißen Quellen, einem Hauch von Monarchie.

Öfter war ich mit meinen Eltern als kleiner Junge dort gewesen, meist zu Ärztekongressen.

Weil es tagsüber zu heiß war, fuhr ich am Abend los, und beschloß, irgendwo zu übernachten.

Ich wußte nicht, warum mich plötzlich ein kleines italienisches Bergdörfchen anzog.. Es gab hier nur einen Parkplatz weit unten. Das Dörfchen weit oben und die Gassen der alten Sarazenensiedlung waren so eng, daß man nur zu Fuß oder allenfalls mit einem Esel hindurch kam. Sie führten mich zu einem kleinen Albergo mit Ristorante, gleich neben der alten Post.

Schräg gegenüber von einem kleinen Kapellchen saß ich bald auf dem winzigen Balkon - sah den Mond und das Meer.
Ich trank ein Glas Wein und fühlte mich irgendwie glücklich und gelassen, wie schon lange nicht mehr.
Ich war allein, und keines der vielen hübschen Mädchen, die ständig um mich herum waren, fehlte mir.
Ein richtiges Glücksgefühl durchströmte meinen Körper.

Ich spürte es wie ein Rieseln. Ich grübelte nach. Warum gerade hier und jetzt?
Plötzlich fragte eine wundervolle weibliche Stimme, wie von einer Sängerin: "Du fühlst dich glücklich, weil zufällig drei Dinge zusammenkamen, die für die Harmonie, von Körper und Seele wichtig sind."
Ich erschrak. Ich hatte wohl laut gedacht. Ich fragte: "Welche drei Dinge ?" und suchte, woher die Stimme kam.

Sie antwortete:
"Du reist mit einem Ziel, von dem du glaubst, daß es dir Freude macht. Zu einer Aufgabe, die dir entspricht.

Du bist deinem Gefühl nach Schönheit und Wahrhaftigkeit gefolgt, als du diesen Ort aufsuchtest.

Und drittens, du hast bescheiden, aber gut gegessen und getrunken.
Epikur sagt: "Glück ist die Synergie aus einem gesunden Körper und einer gesunden Seele".

"Wer ist Epikur?", fragte ich und trat an die Brüstung.

Die geheimnisvolle Stimme sprach aus der Dunkelheit zu mir: "Epikur ist der Philosoph der Freude. Wer nach der Freude wirklich sucht, der wird sie finden."

Ich erinnerte mich vage im Philosophieunterricht von dem Namen gehört zu haben aber es war uns nichts Näheres gelehrt worden.

Ich suchte nach der Frau, der die Stimme gehörte. Doch jetzt, da der Mond durch eine dichte Wolke verhüllt war, konnte ich niemanden finden.

Plötzlich riß die Wolkendecke wieder auf und ich sah statt des Mondes eine helle Kugel mit dem Bildnis eines kraftvollen Stiers, auf dessen Rücken gelassen eine schöne Frau schwebte, die verkehrt auf seinem Rücken saß und zu mir zu blicken schien., während der Stier hinaufstrebte.

Ein Gefühl der Freude und eine heißes Sehnen durchströmte mich. Aber so plötzlich und so deutlich ich dies Erscheinung wahrgenommen hatte, so unversehens verging sie.

Der Mond war wieder der Mond, und auf ihm gab es nur seine Krater zu sehen. So zerbrach ich mir den Kopf, ob ich phantasiert, geträumt oder ob wirklich jemand mit mir gesprochen hatte.

Heute weiß ich, daß dies nicht wesentlich ist. Sehr viele Dinge, die uns wie ein Traum erscheinen oder nicht real sind, sind viel wirklicher als wir meinen. Wesentlich ist, daß ich eine Antwort auf meine Frage erhalten hatte, die mich auf den richtigen Weg brachte.
Es sollte ein langer Weg werden.

In den nächsten Wochen, in denen ich meine Arbeit freudvoll aufnahm, weil ich wirklich Sinn und Erfüllung darin sah, aus diesem alten Kurort und einem herrlichen auf Felsen gebautem Grandhotel wieder einen angesehenen Treffpunkt zu machen, so wie es einmal war, nutzte ich die Freizeit, um in Buchhandlungen nach Büchern und Schriften über Epikur und den Begriff SYNERGIE zu suchen. Ich hatte den Begriff "epikuräisch" bisher eigentlich immer nur mit lustvollem Essen verbunden und den Begriff Synergie, von dem ich schon mehrfach gelesen hatte, brachte ich allein in Zusammenhang mit Effizienz, Rationalisierung. Beides war falsch oder eine Halbwahrheit, die auf falsche Gleise führte, wie ich bald erfuhr.

Wer war Epikur?

Epikuros wurde 341 v. Chr. als Sohn gebildeter Eltern auf der Insel Samos vor der Westküste Kleinasiens geboren. Die Zeiten waren wirtschaftlich schlecht bedingt durch den Kampf zwischen Athen und Makedonien . Dies hatte seinen aus Attika stammenden Vater, Neokles, veranlaßt, dort neben seiner Arbeit als Lehrer einen landwirtschaftlichen Betrieb zu übernehmen. So wuchs Epikur als ältester von vier Söhnen in einfacher Ländlichkeit und in großer Harmonie mit der Natur und seiner Familie auf. Im Alter von 14 Jahren sandte ihn der Vater in die Schule des Nausihanes nach Teos. Zu ihm gehörte Epikur einige Jahre, bis er 323 v. Chr., es war das Todesjahr Alexanders des Großen (356-323 v. Chr.), zur Ablcistung seines militärischen Ephebenjahres nach Athen ging. Danach kehrte Epikur zu seinen Eltern, die inzwischen ihren Landsitz durch Krieg verloren hatten, nach Kolophon im Westen Kleinasiens zurück.

Epikur fand sich in einer Zeit, in der alte Werte verloren waren und nur durch religiöse Gebräuche des Volkes matt weiterbestanden.

Die widersprüchlichsten Weltanschauungen wurden verkündet, die Bewegung des Sophisten hatte sich aufgelöst, die Schule der Hedoniker verkündete weiterhin die Lust als letzten Zweck des Lebens, versank aber angesichts der Nichterfüllung dieses Ziels in reine Negation und Pessimismus, die Zyniker zogen als groteske Weltverbesserer umher, alles bekritelnd, was das Leben liebens- und lebenswert macht. Aus diesem philosophischen Wirrwarr und dem durch die Kriege vergrößertem Elend kristallisierte sich eine Sehnsucht nach Glück in tiefer Stille, frei von Unruhe und Ängsten. Epikuros begegnete dieser Zeit mit seiner Lehre der Freude, die bald eine große Anhängerschaft fand.

Über die Stationen Mytilene auf Lesbos und Lampsakos kam Epikur mit seinen Anhängern nach Athen, wo er sich 306 v. Chr. niederließ.

Die Einflußreichen seiner Schülerschar erwarben für Epikur ein größeres Grundstück, auf dem außer Wohngebäuden und Gemeinschaftsräumen auch ein auffallend schöner Garten angelegt war. Dieser Teil des Besitzes erschien für die Sinnesart und Vorliebe der Mitglieder der neuen Gemeinschaft so bezeichnend, daß sie im Volksmund bald die "Philosophen vom Garten" hießen. Am Eingang des Gartens soll eine Inschrift die Besucher wie folgt eingeladen haben:

Freund, das ist ein guter Ort: Hier wird nichts mehr verehrt als das Glück.

Hier lebte und lehrte Epikur 35 Jahre lang gemeinsam mit seinen Anhängern, ohne Rücksicht auf Geschlecht oder Rang, ein freudvolles, Geist und Körper sinnerfüllendes Leben. Im Jahre 270 v. Chr. starb Epikur im 72. Lebensjahr - damals ein sehr hohes Alter - in dem Bewußtsein, der Menschheit durch seine Philosophie einen Dienst erwiesen zu haben.
Zeugnis von der Philosophie Epikurs gibt vor allem sein Hauptwerk *Über die Natur*. Teile antiker Papyrus-Abschriften davon wurden in 38 Buchrollen entziffert, die zu den Beständen einer Bibliothek gehörten, welche man nur durch Zufall bei den Ausgrabungen der im Jahre 79 n.Chr. durch einen Vesuv-Ausbruch verschütteten römischen Stadt Herculaneum fand. Andere Schriften Epikurs sind uns durch Schriftsteller wie Diogenes Laertios, Polystratos und Philodemus sowie durch die Wiedergabe von Vorträgen epikuräischer Sprecher in den Dialogen Ciceros überliefert. Der Dichter Lukrez verherrlichte Epikurs Leben und Lehre als "Ruhm der Griechenheit" in einem Gedicht von fast 8000 Zeilen
Aber es blieb ein Geheimnis, warum seine Glückslehre selbst, sein Hauptwerk, nach dem er selbst und seine

"familia" lebte und das ihn steinalt werden ließ, nirgendwo gefunden wurde.

Ludwig Marcuse (1894-1971) schrieb 1949 treffend: *Der Mann ist nicht so berühmt geworden wie der Gattungsbegriff (Epikuräer). Epikur hat nicht weniger Schule gemacht als Buddha oder Sokrates oder Jesus. Aber er wurde nicht zur Legende. Seine Ratschläge blieben "handfeste" Literatur. Aus dem Schatz der Weisheiten griechischer Philosophie haben sie als einzige bis heute nichts an Wirkung eingebüßt, weil ihre Nutzanwendung nicht nur zeitlos, sondern ausgesprochen zeitgemäß ist.*
Auch Karl Marx hat sich, übrigens, in einer Doktorarbeit über Epikur, zu dem Philosophen als den "größten griechischen Aufklärer" bekannt.

Philosophische Grundsätze

<<Epikurs Lehre ist eine Philosophie der Freude. Diesem Ziele dient als sein Denken, in ihm fügen sich alle einzelnen Stücke und Gruppen seiner Gedanken zu einer festgeschlossenen Einheit zusammen. Selbst wenn man, wie es schon im Altertum geschehen ist, drei große Teile

seines Systems unterscheidet: die allgemeine Naturlehre, die Erkenntnistheorie und die spezielle Glückslehre (Ethik), so greift doch überall eines ins andere und ist isoliert sinn- und zwecklos.>>

Viele verschiedene Erkenntnisse und Weisungen werden auf einem einzigen Mittelpunkt bezogen: das Ich des Menschen, dessen vollkommener Glückszustand begründet werden soll. Wenn es Aufgabe der Philosophie ist, das Leben überhaupt möglich zu machen, so hat Epikur diese Aufgabe mit voller Klarheit und größtem Ernst begriffen. Da es so ist, daß überhaupt jedes Lebewesen instinktiv richtig nach dem ihm gemäßen Daseinszustand strebt, indem es die möglichst größte Fülle des Lebens genießt, kann Philosophie und Physiologie, das heißt Betrachtung und Ergründung der Natur, nur das Ziel haben, auch dem Menschen die größtmögliche, ruhigste und ungetrübteste Freude des Daseins zu deuten und den Weg zu ihr aufzuzeigen.

Diese Freude ist nun nicht etwa eine primitive Lust oder gar Wollust, sondern Schmerzlosigkeit im Bereiche des Lebens und völlige Beruhigung im Bereiche der Seele. Es ist der ungetrübte Genuß am Dasein selbst, das uns so viele der schönsten und reinsten Güter schenkt. Es ist jene immer sich gleichbleibende selig-frohe Glücksstimmung, die von Epikur selbst am liebsten mit einer nur leise bewegten, strahlenden Meeresfläche verglichen wird. Echt hellenisch sieht er in der vollen Gesundheit des Körpers in Verbindung mit der ruhigen Gesundheit des Geistes die höchste Lebensform. Sie als Anfang und Ende des glückseligen Daseins, ist also die klar erkannte, von jedem Einzelnen stets neu zu lösende Aufgabe.

Wie aber können wir sie lösen?

Nicht nach jeder beliebigen Freude greift der Epikuräer, vorallem nicht nach einer trivialen und gemeinen. Nicht aus haltlosem Schmausen und Zechen, so schärft Epikur ein, oder aus unterschiedslosem Liebesgenusse schöpfen wir die erstrebenswerte wahre Freude. Auch auf Reichtum, Ehren und Einfluß ist kein Wert zu legen, und in die Politik mit ihren ständigen erbitterten Kampf, ihrer zermürbenden Unruhe, ihren unvorhergesehenen Zufälle wird sich der Epikuräer nur dann mischen, wenn ein starker Zwang für ihn vorliegt.
Wir bedürfen dieser falschen Freuden und dieser trügerischen Besitztümer gar nicht; denn unsere Natur ist mit schlichten Gütern völlig zufrieden.
Anstatt in ewiger Besorgnis um Besitz und Ehrenstellen zu leben, sollen wir bei bescheidenen Ansprüchen jene ruhevolle Hochstimmung in uns erzeugen, die aus einem

schuldlosen Gewissen, aus dem Bewußtsein, gerecht zu denken und zu handeln, erwächst und die uns jeden neuen Tag als ein beglückendes Geschenk erscheinen läßt.

Wir müssen also die Freuden sorgfältig auswählen, müssen ihren Wert zu unterscheiden wissen und unter ihnen die herausfinden, die unserer persönlichen Eigenart am angemessensten und dienlichsten sind. Mitunter müssen wir erst durch Schmerzen tapfer hindurchschreiten, wenn hinter diesen Schmerzen um so größere und wertvollere Freuden winken.

Die Philosophie Epikurs ist eine bis ins letzte verfeinerte Lebenskunst. Zu ihr wollte der Meister seine Schüler und weiter alle Menschen führen, die mit einem dafür empfänglichen Sinne begabt sind. Jedoch den richtigen, einzigen Weg zu dieser Lebenskunst findet man nur, wenn man die Beschaffenheit der Natur in ihrer Gesamtheit kennt.

Die Natur aber erklärte Epikur wie folgt:
Sowohl der Körper als auch die Seele sind aus unzähligen verschiedenartigen Urteilchen, den Atomen aufgebaut. Genauso wie auch der unendliche Raum, in dem sich die

Gestirne bewegen, bewegen sich auch die Atome unseres Körpers und der Seele in unablässiger Veränderung. Es werden Atome abgesondert, gehen uns verloren, andere kommen neu hinzu und werden neu in unserem Bestand aufgenommen. Überwiegt der Verlust an Atomen beim Menschen, genauso wie bei allen anderen Dingen und Welten im unendlichen Raum, dann ist der betreffende Körper dem Zerfall ausgesetzt und löst sich in seine Atome auf. Bei einem Lebewesen pflegen wir zu sagen: es stirbt.

Die Atome selbst aber sterben nicht, sondern werden zum Aufbau anderer neuer Dinge, Planeten und Lebewesen verwendet. So entstehen Leben und Tod, Werden und Vergehen in ewiger Wechselwirkung.

Da auch die Seele individuell nicht fortlebt, sondern in ihre Atome zerfällt, wenngleich Teile der Seele sich in neuen Lebewesen wiederfinden mögen, gibt es auch weder Himmel noch Hölle., sondern allenfalls eine Wiedergeburt unserer Seele in einem neuen Menschen.

Damit fällt auch die Furcht und Sorge um das Schicksal unserer Seele nach dem Tode, da wir nicht nach diesem, sondern bereit in diesem Leben belohnt und bestraft werden Es gibt also kein Jenseits!

Diese vielleicht zunächst erschreckende Feststellung wird gleichzeitig bei näherem Nachdenken zu einer ungeheuren

Erlösung. Denn da wir nur ein einziges Mal geboren werden, stellt sich dieses - unser einziges - Leben als eine wunderbare Aufgabe dar. Um ihr gerecht zu werden, d.h. um die höchste Glückseligkeit und Freude zu erringen, müssen wir alle die von der Natur uns geliehenen Kräfte - vor allem die des Geistes - mobilisieren.
Der Tod ist somit kein Schrecknis mehr; er ist ein Nichts. Der Tod ist Aufhebung jeglicher Empfindung, gleicherweise angenehmer wie unangenehmer.
So hat Epikurs Philosophie dem Tode die Gewalt gegenüber dem Menschen entrissen und damit auch die Furcht vor Gottheiten, vor ihrem Zorn und vor ihren Strafen überflüssig gemacht.

Die einzige Sorge und Angst, die wir somit haben müssen, besteht darin, diese einmal von dem großen Baumeister der Welt geschenkte Leben sinnlos zu vergeuden.

Dies bedeutet nicht, daß es keine Gottheiten gibt, aber da sie frei sind von Gunst und Haßgefühlen (einer typisch menschlichen Eigenschaft) und in unvergänglicher ungetrübter Glückseligkeit leben, belohnen und bestrafen sie auch niemanden. Sie haben diesen Kosmos geschaffen und leben in Unveränderlichkeit zwischen den Kosmen.

Die epikuräische Philosophie gibt somit dem Menschen die volle Selbstentscheidung, um seinem persönlichen Glück zu gelangen.

Der Epikuräer lebt freudvoll, vernuftvoll und gerecht, denn es ist nicht möglich, freudvoll zu leben, wenn man nicht gerecht, edel und vernuftvoll lebt. Aber man kann umgekehrt auch nicht gerecht, edel und vernuftvoll leben, wenn man nicht freudvoll lebt. In diesem Sinne muß die Summe des Glückes, die wir in diesem Leben erfahren können, aus der Gesundheit des Körpers und der Seele entspringen.

Dazu müssen wir nach den Weisungen der Natur uns leiten lassen. Unser Leben kann nur glückvoll sein, wenn wir uns an ihm erfreuen. Aber ohne überquellende Gier und Leidenschaft, ohne maßlosen Ehrgeiz und ohne Verstöße gegen die Interessen unserer Mitmenschen, und selbstverständlich ohne Verletzung der von der Gemeinschaft beschlossenen Gesetze - solange diese gerecht sind, d.h. tatsächlich für die wechselseitigen Bedürfnisse einer bestehenden Gemeinschaft nützlich sind.

"Denn die Gesetze sind für den Weisen nicht dazu gegeben, daß er kein Unrecht tue (sonst wäre er nicht weise), sondern dazu, daß er kein Unrecht erleide."
So baut der Epikuräer auf Basis dieser Lebensphilosophie sein Leben und sein Glück täglich neu. Er wird darin nichts dem Zufall überlassen, denn es gibt für ihn kein unabänderliches "Schicksal".
Wir haben die Zukunft selbst in der Hand, weil wir diese - auch wenn wir Irrtümer begehen mögen - mit unserer Vernunft gestalten können.

Wenn man weise ist, wird dies ein Leben sein in einer gewissen Bescheidenheit und Zurückgezogenheit, die uns nicht allzusehr von der Umwelt abhängig macht und uns damit eine persönliche Autarkie, also Unabhängigkeit gewinnen läßt.

Dies bedeutet nicht, daß wir uns von unseren Mitmenschen absondern; sondern wir sollen vielmehr Gleichdenkende als Freunde gewinnen und seelisch mit uns verbinden, um für alle die Glückseligkeit auf Erden zu fördern. Deshalb ist für den Epikuräer die Freundschaft ein hohes, wertvolles Gut.
Freundschaft als ein gegenseitiges Geben und Schenken.

Freundschaft schenken kann man aber nur, wenn man innerlich reich ist. Reich an Freude.

Und so wie wir sorgfältig, die zu uns passenden Freuden auswählen müssen, um glücklich zu sein, müssen wir auch unsere Freunde sorgfältig wählen.

Epikurs Philosophie ist eine anthropozentrische Weltanschauung. Der Mensch in seinem Dasein und Sosein in Harmonie mit der Natur ist das Maß aller Dinge.

Wer die Lehren Epikurs befolgt und sie sich konsequenterweise zu eigen macht, wird nach dem Ausspruch des Meisters "leben wie ein Gott unter den Menschen". Die Belohnung für eine richtige Lebensstrategie!

Das Geheimnis der verschwundenen Schriften

(Begegnung mit einem Nachfahren Epikurs)

Zunächst hatte ich unter dem Zeichen der Freude einen Erfolg nach dem anderen. Was die meisten nicht für möglich hielten - nämlich die Wiedereröffnung des Grandhotel l´Europe - mit Prominenz aus aller Welt, gelang. Aber Erfolg macht leider oft auch blind. Und anstatt mich zu bescheiden, ließ ich mich hinreißen, mich mit Menschen einzulassen, die negative Synergien verbreiteten.

Aus Eitelkeit und Selbstüberschätzung, ließ ich mich auf viele Dinge ein und expandierte meine Konzepte und Ideen in andere Länder. Und es gab viele Dinge, die mir gar keine wirkliche Freude machten, gar nicht meiner Persönlichkeit entsprachen, um den Finanzpartnern und Prominenz, deren Schulterklopfen ich genoß, dienlich zu sein.

Mein (vermeintlicher) Höhepunkt meiner Karriere war, als ich ein Essen für die fürstliche Familie des Fürstentums Monaco und Weltstars in Los Angeles gab, und links neben mir Fürst Rainer, rechts neben mir Liza Minelli saß, ich bei Linda Evans zum Lunch eingeladen war und mit Trini Lopez Tennis spielte, mit Peter Ustinov Whisky auf echtem Gletschereis schlürfte und einen Bentley mit Chauffeur hatte.

Ich konnte gar nicht merken, daß meine Synergiebilanz schon negativ war. Damals konnte ich und wußte nicht um diese Geheimnisse. In nur zwölf Monaten passierten andere Dinge vom Markt her, innerhalb des

Gesellschafterkreises, und meine Welt zerbrach und man zeigte mit Fingern auf mich, den Verlierer. So wie man mich zuvor emporgejubelt hatte.

Dank der Lehre Epikurs, zerbrach aber nicht ich als Mensch. Durch den Schicksalsschlag, die Erkenntnis eigener Fehler, vertiefte ich mich noch mehr in die Geheimnisse des Glücks und schrieb mein erstes Buch *"Epikur 2000. Freudvoll leben und überleben in einer kranken Welt"* , auf dessen Buchumschlag ich das Zeichen der Freude setzte.
Beim Lesen und Schreiben über Epikurs Thesen, der in Verarbeitung in das reale Leben von heute, fiel mir dabei immer mehr auf, daß viele über Epikur geschrieben haben, aber ein Werk Epikurs selber offensichtlich nicht zu Gesicht bekommen haben.

Dies verstand ich nicht. Ich konnte es mir nicht erklären. Ich fand auch keine Erklärung. Ich stieß aber auf einen Hinweis, daß es einen Experten gäbe, einen alten Professor, der jetzt zurückgezogen auf einer Insel im Mittelmeer lebte.
Ich schrieb diesem Mann; erhielt aber keine Antwort. So suchte ich ihn auf gut Glück auf, und nach vielen Mühen und Fragen, fand ich ihn.
Er lebte ich einem kleinen Haus, in einem großen, wunderschönen, wilden Garten auf einen Berghang weit über den Dörfern. Zwei Frauen, eine jüngere und eine ältere, empfingen mich und fragten nach meinen Wünschen. Ich legte ihnen mein Buch vor, bei dem das

Zeichen des Glücks der Titel war. Ich bat in meinem Gespräch um Informationen, die ich bisher nirgends erhalten konnte und wies daraufhin, daß ich geschrieben hatte.
Die beiden Damen strömten eine heitere Gelassenheit aus, wie man sie selten bei Menschen findet. Während die jüngere mich bat, Platz zu nehmen und mir Tee anbot, verschwand die ältere, um dem Professor mein Anliegen nahe zu bringen.
Plötzlich hörte ich einen lauten Aufschrei der Überraschung, dann eine volle, tiefe, angenehme Stimme, die da rief : "Ich komme! Ich komme sofort!"
Professor W. erschien und machte auf mich den Eindruck eines 50-jährigen Alten, obwohl ich wußte, daß er schon über 80 Jahre alt sein mußte.

Er sah einer Büste Epikurs tatsächlich ähnlich. Er war Grieche, sprach aber mehrere Sprachen fließend. Wir unterhielten uns in einer Mischung aus Englisch und Deutsch. Er fragte mich, woher ich dieses Zeichen habe.
Ich erzählte ihm, die Geschichte meiner Vision.
Er bat mich, mit ihm zu gehen und führte mich in sein Zimmer. Stumm deutete er auf eine große, griechische Vase. Auf dem Mittelpunkt des Bauches der Vase sah ich mein Zeichen. Er sagte: "Willkommen im Club der Freude." Er verwandte das englische Wort "club". Was nicht unbedingt mit einem Verein oder einer Gesellschaft zutun haben muß, sondern einfach ein Zusammentreffen von gleichdenkenden Menschen.

Er erzählte mir, daß diese Vase aus dem Besitz Epikurs stamme, und daß er einer der Nachkommen Epikurs wäre. Ich sagte, daß ich das Zeichen immer so verstanden hätte, daß es ein Sinnbild für die Freude, für die Synergie zwischen Mensch und Seele, zwischen Mann und Frau, für das Leben schlechthin sei. Aber daß ich nie verstanden hätte, warum die Frau rückwärts blickt und nicht nach vorne.
Er sagte: "Die Frau als Sinnbild allen Lebens blickt zurück, während der Stier kraftvoll nach vorne strebt. Beides ist wichtig. Man kann keine Zukunft haben, wenn man sie nicht aus der Vergangenheit entwickelt. Wer in die Zukunft geht, muß aus dem Vergangenen lernen. Wir können nur den richtigen Weg beschreiten, wenn wir wissen, woher wir gekommen sind."

Aus Überlieferungen und Briefen abgeleitet, erzählte er mir Professor W. folgende Geschichte:

>> Epikur lebte für die damalige Zeit sehr lange. Umgerechnet wäre dies, nach dem damaligen Lebensdurchschnitt, über 100. Jahre. Er überlebte alle seine Frauen und die meisten seiner Kinder und Freunde. Als ein schmerzhaftes Nierenleiden, eine Entzündung, immer mehr quälte, rief er die sieben Menschen, die ihm am nächsten standen, die er am meisten liebte, zu sich: und sprach
"Ich möchte in Würde und in Freude und mit euch sterben und nicht zufällig irgendwo hingekrümmt und hingefällt

durch den Schmerz, dem Todfeind der Freude, sondern stattdessen den Feind besiegen, indem ich ihm entgegenkomme und einen Trunk nehme, der mich in euren Armen einschlafen läßt.
Ihr kennt meine Philosophie und ihr lebt danach. Ihr kennt meine Aufsätze und meine Briefe und meine Reden. Ich habe mein Werk geschrieben. aber nicht vollendet. Ich habe es aber gelebt. Mein Werk ist mein Leben. Mein Werk lebt in euren Köpfen fort und in denen, die das ausüben, was sie gelernt haben.
Ich habe aber Angst, daß Menschen aus den unvollendeten Schriften ohne Zusammenhang das herausnehmen und predigen, was ihnen nützlich ist und andere dadurch benutzen und in die Irre leiten.

Verbrennt somit alles von meinem Werk über das Wesen des Glücks.
Ich habe versucht, die sieben wesentlichsten Dinge aufzuschreiben, und ich wollte jedem von euch eine Abschrift geben. Das war mir aber nicht vergönnt. So habe ich denn sieben Rollen. Und so nehmt denn jeder ein Gesetz und bleibt zusammen und wendet insgesamt die Sieben an. Dann wird euch und euren Nachkommen Freude und Glück bis ins hohe Alter zuteil werden."

Und so übergab er jedem eine Vase mit einer Rolle drin.

Epikur trank seinen Betäubungstrunk und entschlummerte friedlich, bis zuletzt plaudernd, wobei er sich freute, und dies war typisch für seine Haltung und Philosophie, daß er durch den Tod endlich das letzte große Geheimnis lösen würde, das achte Geheimnis, nämlich, was ist wirklich nach dem Tode?

Er sagte ja immer, daß er an ein Leben nach dem Tode nicht glauben könne, denn woher könnte er sich anmaßen, dies zu wissen? Er wüßte, daß der Mensch in die Atome zerfalle, aus denen er entstanden ist. Und er könne sich auch vorstellen, daß diese Atome vielleicht wieder zusammenfinden, sie wieder neu entstehen. Aber er stelle sich vor, daß dies nicht für jeden so bestimmt sei, sondern nur für jene Atome eines Menschen, der bewiesen habe, daß er in diesem Leben freudvoll leben konnte. Freudvoll leben heißt in erster Linie: Freude geben. Denn ohne Freude zu geben, kann man selbst nicht freudvoll leben.
Diese Atome der Seele aber eines freudvollen und gerechten Lebens würden wiedergeboren werden in einem anderen Menschen >>

Und vielleicht - so endete der Professor - wäre mein Traum, die Erscheinung dieses Zeichens, ein Beweis dafür, daß es eine andere Dimension gäbe, in welcher der Geist weiterlebe.
Ich fragte nach den anderen Vasen. Professor W. erzählte mir, daß seine Forschungsarbeiten den Inhalt der sieben Gesetze oder Regeln zu finden, zum Ergebnis hatten, daß er alle Vasenbesitzer mit dem Originalwortlaut, wenn auch teilweise nicht voll erhalten, gefunden hätte.- bis auf eine.
Es fehlt die siebte Vase.

Aber vielleicht würde ich diese finden, wenn ich n i c h t danach suchte. Es würde geschehen, wenn es Zeit ist.
So der Professor.
Ich blieb noch den ganzen Abend und wir diskutierten im Kreis seiner Familie über die Philosophie Epikurs und die heutigen Probleme, wobei man mir half, die Regeln des Glücks zu deuten.

Dabei sprachen wir auch über die christliche Religion, die neben der Philosophie und Kultur der alten Griechen prägend für die westliche Welt, insbesondere Europa war und immer noch ist.

Die Philosophie Epikurs ist keine Heilslehre, keine Religion, sicher ist aber, daß die großen Religionsstifter, wie Buddha, Mohammed und vor allem Jesus Christus, die Lehre der Liebe und Freude kannten und verarbeiteten.

Die Synergie aus Glaube, Hoffnung und Liebe zerstörte die auf den Zynismus der Macht aufgebaute negative Synergie des römischen Weltreichs .

Die Kraft des Christentums hat seine Wurzeln in der Philosophie der Freude Epikurs.

Wenn sie sich darauf wieder besinnen würde, wäre die Welt einen Schritt weiter auf dem Weg zur Kultur des Guten.

Freude - ein Synergiesystem

Das Wort Synergie kommt, wie die meisten wichtigen Begriffe, die unser Zeitalter prägen, aus dem griechischem. So auch wie das Wort Ökologie. Ökologie und Synergie haben sehr viel miteinander zutun. Wobei Synergie der Oberbegriff ist. Synergie ist die Lehre vom Zusammenwirken der Kräfte innerhalb einer bestimmten Zeitspanne. Ökologie ist die Lehre von der Beziehung des Menschen zu anderen Lebewesen, also zur Natur und natürlich auch zu seinen Artgenossen

Unser menschlicher Körper ist ein Synergiesystem. Chemische, mechanische, psychische, seelische, physikalische Kräfte wirken so zusammen, daß sie insgesamt gesehen mehr ergeben als Wasser, Knochen und chemische Substanzen.

Aber auch eine Familie, ein Staat, eine Firma, ein Kunstwerk ist ein Synergiesystem.

Immer wenn viele Faktoren, viele Kräfte gleichzeitig, also innerhalb einer Zeitspanne zusammen wirken, entsteht ein "Mehrwert", der weit über das hinausgeht, was die einzelnen Komponenten bedeuten.

Wenn die überwiegende Mehrheit aller Kräfte positiv zusammenwirken, entstehen positive Synergieeffekte, und dadurch positive Synergiesysteme. Es entsteht ein freudvoller, glücklicher Zustand.

Wenn die überwiegende Mehrheit der Kräfte negativ zusammenwirken, entstehen negative Synergieeffekte, die zerstörerisch wirken können.

Beispiel: Herzinfarkt

Wenn jemand Übergewicht hat, aber sonst ein Leben führt, das mit Sinn erfüllt ist, und der nicht raucht und trinkt und unter Bewegungsmangel leidet, kann er ein freudvoller und glücklicher Mensch sein.

Viele dicke Menschen sind deshalb erstaunlich oft glückliche Menschen.

Aber wenn nun dieser gleiche dicke Mensch raucht, trinkt oder in einer Beziehung lebt, die ihn nicht glücklich macht, und er berufliche Dinge tut, die er im Grunde verachtet oder die ihn nicht freuen, kann ein Herzinfarkt, ausgelöst durch eine einzige Zigarette zuviel, einen Streit, ein Glas zu viel, ihn töten.
Weil seine Synergiebilanz so labil oder sogar negativ ist, daß ein Tropfen oder eine Winzigkeit genügt, um sein System ins endgültig Negative, also in den Exitus, zu katapultieren.

Immer ist es der dritte Faktor, der eine Wende, eine Verstärkung der Kräfte bringt, die in der Summe mehr sind als in der Addition der einzelnen Elemente. Positiv wie negativ.

Beispiel:
Wenn Mann und Frau sich lieben und es kommt ein Kind dazu, als dritter Faktor, kann dieser dritte Faktor das System der Beziehung verändern. Die Qualität des dritten Faktors verändert jedes System enorm. Sei es zum Guten, sei es zum Schlechten. Beispiele:

Ist das Kind gesund und nett anzusehen, kann es dieses Beziehungssystem "Mann und Frau" überproportional bereichern. Ist dieses Kind aber krank oder ein Problemkind, kann es das positive System Mann und Frau negativ verändern.
Stellen Sie sich eine Beziehung zwischen Mann und Frau vor, die nicht gerade gut ist. So kann ein gesundes, liebreizendes Kind diese Bindung festigen.
Ein krankes Problemkind kann diese Beziehung endgültig auseinander bringen. Es kann aber auch diese Beziehung ins Positive gewandelt werden, weil beide Partner plötzlich ihre Aufgabe darin sehen, um diese Kind zu kämpfen, es zu lieben und es durchs Leben zu bringen. Etwas, was sie vereint. Wo sie doch bis dato so wenig gemeinsames hatten.
Oder: Sie teilen sich ein Büro mit jemandem und haben sich gut arrangiert. Plötzlich kommt eine neue Person dazu: Der neue (dritte) Faktor in Form dieser Person kann sich toll auswirken auf Betriebsklima und Leistung, aber auch den Arbeitsplatz zur Hölle machen.

Jeder dritte Faktor erzeugt eine chaotische Situation. Und das Leben besteht aus vielen " dritten Faktoren".

Mehrere Faktoren, die zeitgleich zusammenfallen, lassen oft chaotische Situationen entstehen, die positives als auch negatives bewirken können.

So kennt man aus der Physik das Phänomen, daß Wasser, das in einem Glas langsam auf 0° C abgekühlt wird, nicht friert, wo es doch bei 0° C längst frieren müßte. Schlägt man aber nun mit einem Löffel auf den Rand des Glases, so gefriert das Wasser in Zehntelsekunden und das Glas zerspringt wie eine Granate .

Ein freudvoller Zustand und damit Glück entsteht, wenn die Summe aller rationalen und irrationalen Faktoren eine positive, robuste Bilanz ergeben.

So verstand ich also.

Und nun verstehen auch sicher Sie den Lehrsatz der ersten Regel:

Die 1. Regel:

GLÜCK IST DER MEHRWERT AUS DER SYNERGIE - ALSO AUS DEM GLEICHZEITIGEN ZUSAMMENWIRKEN EINES GESUNDEN KÖRPERS UND EINER GESUNDEN SEELE.

Die Summe des Glückes entsteht aus der Synergie des gesunden Körpers und der gesunden Seele.

Die Synergiebilanz der eigenen Persönlichkeit erkennen lernen und damit umgehen

Jeder Mensch ist eine Bilanz aus positiven und negativen Faktoren.
Diese teilen sich wiederum in rationale, also berechenbare, mit unserer Vernunft erfaßbare, "sachliche" Faktoren also in Zahlen oder Maßen und Gewichten - Informationen (Ratio = Vernunft) und in irrationale Faktoren, also jene unberechenbaren "unvernünftigen" Faktoren wie Gefühle, Liebe, Neid, Haß, Leidenschaft, Eifersucht, aber auch Mut, Stolz, Prestige, Machtstreben, Eitelkeit, Image etc.
Aufgrund ihrer Dynamik sind die irrationalen Faktoren in ihrem Einfluß auf unser Leben gewichtiger. Multiplizieren Sie deshalb diese generell mit 2.

Dabei gilt folgende Regel:

Es ist nicht wichtig, daß einzelne Faktoren besonders gut oder schlecht sind, sondern es ist nur wesentlich, daß die Summe aller positiven und negativen Faktoren einen robusten, positiven Saldo ergeben

Wenn Ihre Bilanz robust, also über 50 % positiv ist, werden Sie auch durch das Zusammentreffen von ein paar negativen Faktoren, die über Sie hereinbrechen nicht ins Unglück gestoßen.

Jede Bilanz einer Persönlichkeit hat gute wie schlechte Faktoren.
Kontrollieren Sie, welche negativen Faktoren auszumerzen oder zu verringern sind und welche positiven stärker hervorgehoben werden sollten.
Lernen Sie einfach den spielerischen Umgang mit dem, was Ihre Bilanz ausmacht und nehmen Sie das an, was Sie brauchen und - mit Heiterkeit - auch das was nicht zu ändern ist.
Um den dritten Faktor und seine chaotische, multiplizierende Wirkung mathematisch deutlich zu machen, haben wir ihn mit 15 multipliziert.

Beispiel: (Synergiebilanz Meyer)

Checkliste Erstellung Synergiebilanz PSB (Persönliche Synergiebilanz)

Stellen Sie sich folgende Fragen:

- Woraus besteht die Bilanz meines Lebens zum heutigen Stichtag?

- Was macht mir Freude, was macht mir keine Freude?

- Wie bewerte ich die rationalen und irrationalen Faktoren der einzelnen Bereiche im Hinblick auf mein Leben?

- Was ist positiv, was ist negativ an folgenden Faktoren (jeweils von 1-5 bewerten; 5= sehr bedeutend, 1= merkbar)

Jeder Faktor wird als rational oder irrational definiert und zwischen 1 bis 5 positiv und negativ bewertet. Zu jedem Bereich sind Mehrfachangaben möglich und erwünscht.
(z.B. Faktor Arbeitgeber: die Unpünktlichkeit des Chefs finde ich nicht in Ordnung; seine ruhige Art im Umgang mit mir ist mir sehr wichtig)

Alter
Gesundheit
Körpergewicht
Aussehen
Größe
Kleidung
Ansehen
Bildung
Besitz, Kapital
Lebenspartner, FreundIn, GeliebterIn
Sexuelle Situation
Arbeit: Vorgesetzte, Untergebene, Kollegen, Kunden, Verdienst
Familie: Kinder, Eltern, Geschwister
Nachbarn
Freundschaften: Schule, Clubs, Vereine, Arbeit
Bekannte: Schule, Clubs, Vereine, Arbeit
Hobbys
Kunst, Sport, Unterhaltung
Informationen, Medien, Öffentlichkeit
Politik, Parteien
Feinde
Tiere, Pflanzen, Natur
Ernährung, Essensgewohnheiten
Alkoholkonsum
Nikotinkonsum
Tabletten
andere Drogen

Muster Freudebilanz (Synergiebilanz)

AKTIVA	**PASSIVA**
+ Rational	- Rational
+ Irrational	- Irrational
Zwischensumme x2	
Gesamtsumme positiv	Gesamtsumme negativ

Differenz:

Wir haben eine Software entwickelt, die geeignet ist, diese Methodik sowohl spielerisch als auch professionell in jedem einfachen PC ab MS DOS 3.3 anzuwenden (Siehe Anmerkung am Ende des Buches).
Das anliegende Beispiel ist ein Computerausdruck. Man kann aber natürlich die Synergiebilanz auch von Hand erstellen.

Die Bilanz der Frau Mayer ist zwar positiv, aber doch labil,weil wir herausgefunden haben,daß eine positive Belastbarkeit erst ab plus 50 % beginnt.Inwischen hat Frau Mayer in Erkenntnis ihrer Möglichkeiten das verbessert was für Ihr Leben postiv war und dies veringert was negativ war. Allein der Prozess sich bewußt zu machen woraus ihre Bilanz bestand, hat ihr sehr geholfen. Weitere Auskünfte durch beiliegende Karte oder unter Tel: 038737/20292

S Y N E R G I E B I L A N Z (nach System R. S. TOMEK) vom: 16.12.94
Projekt: E. Meyer

A K T I V A		P A S S I V A	
= Rational =			
ich bin 35 und komme mit meinem Alter gut zurecht	4	Meine Gesundheit ist nicht besonders ich habe oft Magenschmerzen	4
Ich bin zufrieden mit meinem Aussehen	4	Mein Körpergewicht ist etwas zu hoch	2
meine Größe ist o.k. guter Durchschnitt	75(x15)	meine Beine könnten länger sein und ich habe Krampfadern	45(x15)
Meine Bildung ist ganz gut und ich habe Lust und Interesse an neuen Dingen	4	Ich habe nicht viel Besitz und wenig Gespartes	2
Ich habe Vertrauen zu meinem Partner. ich kenne Ihn gut	4	Mein Vorgesetzter ist ein kalter,pingeliger Typ	5
meine sexuelle Aktivität ist nicht schlecht	30(x15)	Leider ist das Haus in dem wir wohnen ziemlic hellhörig	45(x15)
Ich bekomme ganz gut bezahlt und spare Geld, weil die Firma um die Ecke ist	4	Leider habe ich keinen Raum für mich, das stört mich sehr	5
Weil die Firma gleich in der Nähe ist, habe ich mehr Zeit für meine Kinder	4	Die Flut an TV.Programmen irritiert mich und ist schlecht für die kinder	5
Ich mache meine Arbeit zur Zufriedenheit der Kunden	45(x15)	Ich habe meinen früheren Freund aus dem Auge verloren, das ist schade	45(x15)
Wir haben neben uns einen sehr netten Nachbarn einen Schriftsteller	5	Die Abgaben von meinem Gehalt werden immer größer die Kosten steigen	4
Unser Hausmeister ist ein Türke und sehr nett und sauber	4	Ich liebe Tiere, aber wir dürfen in der Wohnung keine halten	3
Wir können den Garten benutzen, das ist toll für die Kinder	75(x15)	Es stört mich, daß meine Kollegin raucht	45(x15)
Die Schule meiner Kinder ist ausgezeichnet (Waldorf Schule)	5		
Die Schule ist nicht billig	3		
ich gehe einmal pro Woche mit meinem Fahrradve auf Tour, das macht mir große Freude	75(x15)		
Ich lese gerne	4		
mein Verständnis für Sport ist gestiegen, ich kann mit meinem Mann mitreden	4		
Es gefällt mir sehr gute Filme per Video anzus da kann man selektiv auswählen	60(x15)		
ich habe keinen besonderen Feinde	3		
Ich beschäftige mich mehr und mehr mit Pflanzen und habe im Garten Kräuter angelegt.Viel Freude	5		
Ich trinke gerne einen guten Rotwein, aber nicht viel	75(x15)		
Ich rauche nicht	5		
Ich nehme so gut wie keine Tabletten	3		
Ich ernähre mich bewußt und versuche mehr zu lernen, aber es könnte besser sein	30(x15)		
Mehr Gesprächsstoff Seit ich mir von meinem Mann seine Zeitung erläutern lasse.Find ich gut!	4		
	534		210

= Irrational =			
Ich habe gerne witzige Kleider an. Kleide und Mode macht mir Freude	5	Mein Partner ist manchmal jähzornig	3
Meine Liebe zu meinem Partner nimmt in letzter Zeit zu, weil er mehr Zeit für mich hat	4	Ich ärgere mich oft zu sehr über Kleinigkeiten	3
Meine Arbeitskollegin ist sehr nett	60(x15)	Wenn ich mich ärgere ess ich zu viel	30(x15)

gestern hat mir ein Kunde einen Blumenstrauß gebracht, das war sehr schön	5	Es ärgert mich, daß mein Partner bedeutend mehr verdient und ich kein Talent z.Sparen habe	4
Ein bißchen Flirt mit dem Schriftsteller tut mir gut	4	Ich habe Angst meine erotischen Ideen auszudrücken	5
		Meine Arbeit macht mit keine Freude	60(x15)
		Das Betriebsklima is so lala	1
		Ich habe zuwenig Verständnis für moderne Malerei und Angst Dummes zu sagen	4
		Ich kämpfe mit meinem Mann und den Kindern ständig wegen dem vielen TV-Konsum das ärgert	75(x15)
		Es ärgert mich sehr, daß meine ehemalige Schulfreundin gegen mich intrigiert	5
		Die derzeitige Politik geht mir auf die Nerven Immer wird versprochen und nichts gehalten	5
	78		195
	X2 = 156		X2 = 390
Gesamtsumme der Bewertungen Aktiva	690	Gesamtsumme der Bewertungen Passiva	600
Differenz zugunsten Aktiva = 90 X2 =	180	Bilanzgewinn	270
		Bilanzgewinn in %	% 31.0
Bilanzsumme	870		870

Die 2. Regel

ERKENNE, WAS DEM KÖRPER FREUDE MACHT

Jeder hat einen anderen Körper, jeder eine andere Seele aber für jeden Menschen gilt:
Seele und Körper sind ein Synergiesystem, das ganz eng zusammenhängt.
Ein kranker Körper belastet die Seele und eine kranke Seele belastet den Körper.
Es daher nötig den Körper und die Seele durch bewußte Bewegung, bewußte Ernährung und durch daraus resultierenden guten Schlaf
gesund zu halten.

Deshalb die zweite Regel:

Es ist nötig, daß wir uns so bewegen und solche und nur soviel Nahrung zu uns nehmen, daß unser Körper u n d unsere Seele sich erfreuen und der Strom des Glücks uns durchfließt.

Das Geheimnis ist die Kombination der Übungen, die auf einfache Weise ohne große Vorbereitung in jeder Kleidung an beinahe jedem Ort vollzogen werden können und eine synergetische Wirkung haben, die die körpereigenen Endorphine und Hormone auslöst.
Diese strömen durch den Körper, was Epikur und der "Club" *Strom des Glücks* nennen.

Es ist uns als Rieseln in schönen, überraschenden Momenten, aber auch in Momenten des Erschreckens bekannt, das im Kopf, bzw. an den Schläfen, anfängt und in Bruchteilen von Sekunden durch den Körper strömt.
Diese Übungen lösen einen Strom dieser Endorphine aus, die bei längerer Übung sogar langanhaltend den Körper durchlaufen und sofort Schmerzstellen neutralisieren, die Atmung und den ganzen Stoffwechsel beschleunigen, Adrenalin und andere Hormone (auch DCA) sofort - besser als jede Droge - in unsere Blutbahn und das körpereigene Immunsystem in Schwung bringen.
Dazu kommt die mit der Übung verbundene kurze Meditation und die bewußte Beschäftigung mit der Freude.
Nachstehend die Phasen der Übung, die nur einige Minuten dauert und möglichst drei Mal täglich absolviert werden sollte.
Um zu zeigen, daß keine besondere Vorrichtung oder Kleidung vonnöten ist, außer $5m^2$ Platz, zeige ich sie in normaler Kleidung und Strassenschuhen.

Übung

1.1.
Stellen Sie sich locker, entspannt hin und fixieren Sie den Ort, an dem die Sonne steht, (oder stehen müßte)
Atmen Sie tief durch und denken Sie an die Sonne als den Strom allen Lebens. Freuen Sie sich an diesem Strom der Wärme und des Lichts.
Denken Sie an einen Menschen, an ein Ereignis, das schön war, schön ist oder sein könnte.

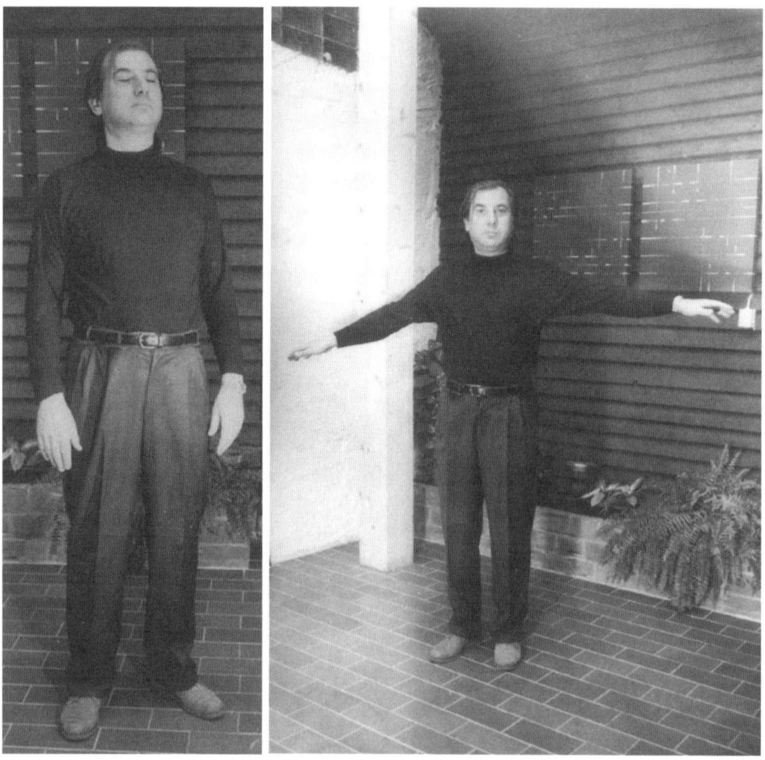

1.2.

Heben Sie die Arme hoch über den Kopf, atmen Sie dabei tief ein, strecken Sie sich und falten Sie bei geschlossenen Augen die Hände zum Gebet, indem Sie gleichzeitig tief ausatmen und - die Handflächen zusammendrückend - die Luft aus Ihren Lungen pressen.

Verharren Sie in ausgeatmeten Zustand eine Weile, horchen Sie in Ihren Körper hinein und beschäftigen Sie sich mit ihm, indem Sie Wünsche der Freude gedanklich formulieren (nach einem besseren Darm, Magen, dem Vergehen eines Schmerzes, dem Bewahren der positiven Elemente, etc.). Horchen Sie - dies gilt für die gesamte Übung in sich hinein um herauszufinden, was Ihrem Körper Freude macht und was ihm keine Freude macht

2.1.
Wieder die Arme strecken, tief einatmen und ausatmend mit ausgestreckten Händen versuchen, die Fußspitzen zu berühren

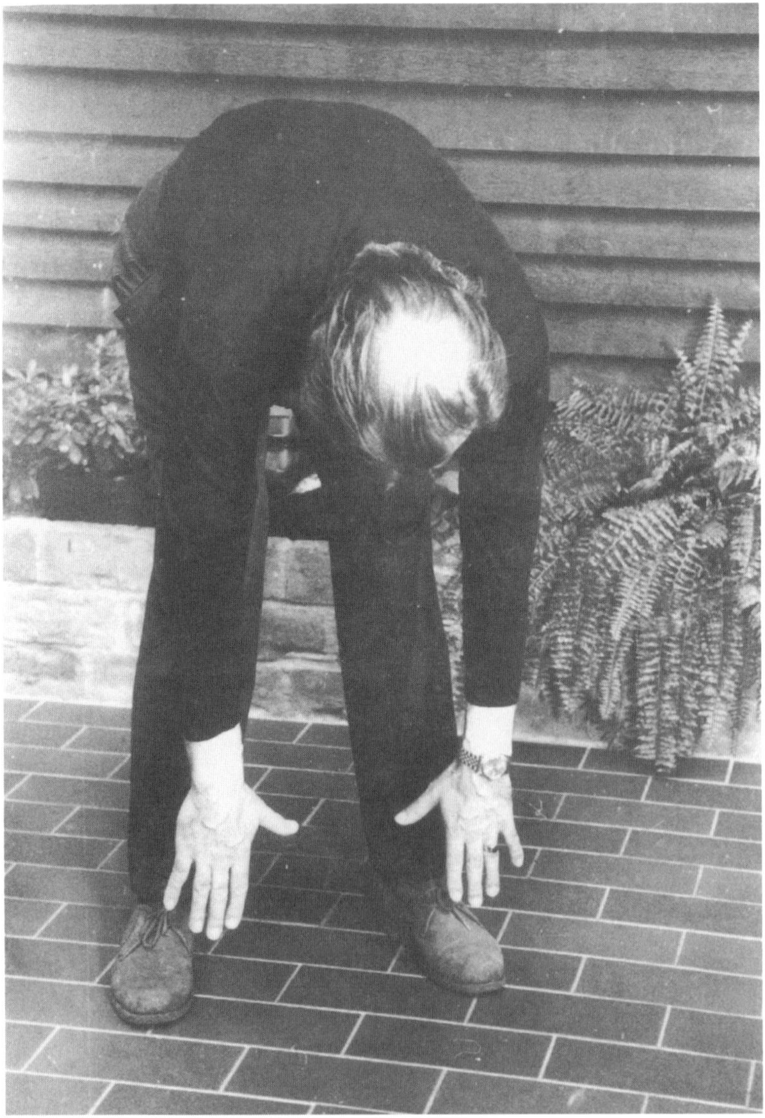

2.2.
Leicht aufrichten, einatmen und ausatmend in den Kniestütz:
Also linkes Knie in linke Armbeuge, beide Hände fest auf dem Boden und alle Gliedmaßen kurz zusammenpressen.

2.3.
Einatmen, Füße aufrichten und strecken, so daß der Körper ein großes A bildet und Kopf (Kinn) ausatmend fest an die Brust.
Etwas verharren bei geschlossenen Augen

2.4.
Einatmend in den Liegestütz (ausatmen), kurz verharren, tief einatmen und locker durchhängen lassen, dabei ausatmen und Kopf bei geöffnetem Mund in den Nacken. Etwas verharren.

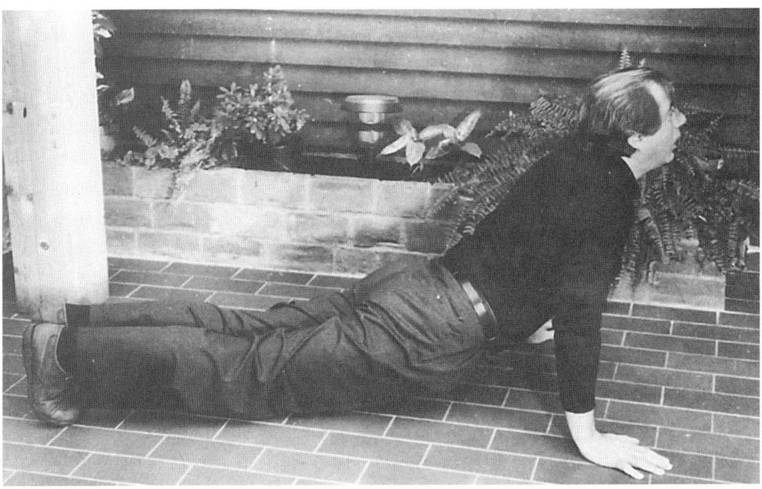

3.1.
Spiegelbildlich zurück. Also: Einatmen, Kniestütz (rechtes Knie) in rechte Armbeuge (ausatmen)

3.2.
Einatmen, halb aufrichten, Fingerspitzen versuchen, ausatmend die Fußspitzen zu berühren

3.3.
in die Ausgangsstellung zurück, also Arme hoch über den Kopf strecken, einatmen und ausatmend die Hände zum Gebet schließend der Sonne zugewandt, bei geschlossenen Augen beenden. Locker stehen

4.1
Auf der Stelle locker im Kreise hüpfen. Augen geschlossen halten und in sich horchend, "Ich freue mich" (autosuggestiv) im Rhythmus des Hüpfens wiederholen, ganz locker tänzeln.
Wenn Sie locker genug sind, eventuell erst nach einigem Üben, werden Sie spüren, wie der Strom der Freude, die Endorphine an den Schläfen oder im Nacken zu rieseln beginnen und ein herrliches Wohlgefühl vermitteln.

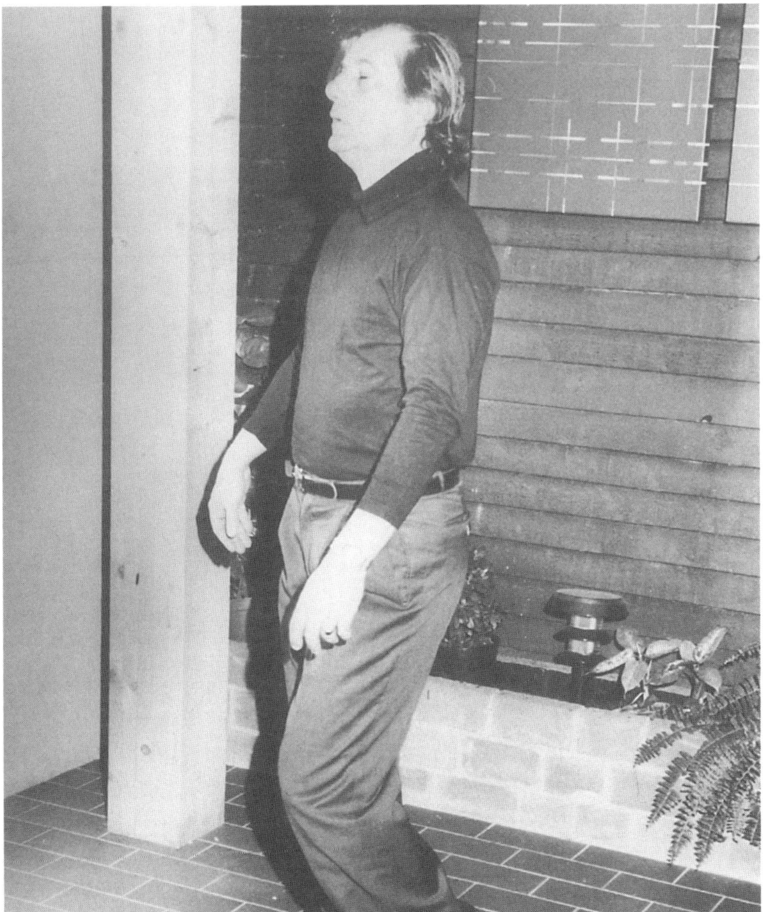

4.2

Jetzt Augen auf und einen Punkt im Raum (Sonne, Licht etc.) fixieren, Arme ausbreiten und immer schneller im Kreise drehen, bis das Rieseln, der Glücksstrom der Endorphine, sich über den ganzen Körper ausbreitet . Wiederholen Sie eventuell laut oder leise das Wort "Freude" oder "ich freue mich".

Die Fixierung auf einen Punkt ermöglicht eine schnellere Drehung ohne großen Schwindel.

Machen Sie es nur solange Sie sich wohl fühlen.

4.3.
Locker entspannt stehen. Eventuell auch knien und die Hände fest bei zurückgelegtem Kopf fest in die Hüften stützen. Jedenfalls tief atmend in den Körper horchen. Denken Sie zum Abschluß an etwas an diesem Tag, was Ihnen Freude bereitet hat oder worauf Sie sich freuen.

5.1.
(Empfehlung)
Wenn Ihr Atem sich beruhigt hat, krönen Sie die Übung mit einem Kopfstand- Legen Sie einfach einen Polster unter und machen Sie es an einer Wand, das geht einfacher.
Augen schließen, in sich horchend, eine bis drei Minuten stehen.

Für Fortgeschrittene und Sportler:

Nach einiger Zeit werden Sie sich so fit und wohl fühlen, daß Sie die Übung statt mit einem Kopfstand mit einem Handstand krönen können. Das ist noch viel besser, da der Kopf frei baumeln kann

ÜBER DIE KUNST DES ESSENS.

Was meint Epikur, wenn er sagt, man soll (nur) soviel und solches essen, daß Körper und Seele sich erfreuen?

Nun, wenn man bedenkt, daß Epikurs Vater Lehrer und Bauer war, und Epikur in Harmonie mit Familie und Natur mit drei Brüdern aufwuchs, kann man sich vorstellen wie bewußt Epikur die Natürlichkeit des Lebens und die Gesetze der Natur lernte -intellektuell und praktisch - und zu einer Kunst des Lebens verfeinerte.

Er meinte, man solle nur dann und nur soviel essen, um daran Freude zu haben. Man sollte lieber nichts essen, als schlechte ,industrielle oder lieblos präsentierte Nahrung und es sollte schmackhaft und natürlich sein. Lieber weniger essen, aber gut und geschmackvoll zubereitetes , natürliches Essen, ohne künstliche Konservierungsstoffe.

Und die Augen und die Nase müssen sich auch daran erfreuen können.

Lieber erstklassige, liebevoll mit Butter und Salz zubereitete Kartoffeln in der Schale oder frischen Salat, in einer schönen Holzschüssel als ein schlechtes Stück Fleisch auf einem goldenen Teller. Lieber ein einfaches, aber gutes liebevoll angerichtetes Mahl mit Freunden, als ein extravagantes Essen mit Menschen, die man nicht mag oder die einem nur die Zeit stehlen.

Man soll immer bei der Auswahl der Nahrung sich fragen, ob Körper und Seele daran wirklich - nachhaltig Freude haben und dies dann auch zielstrebig tun. Aber dabei soll man nicht der spontanen Kurzfristigkeit der Lust

nachgeben, sondern eben der Freude als Synergie von Herz und Verstand.
Was nützt es, wenn ich plötzlich Lust auf eine fette Schweinshaxe habe, ich mich aber nachher unter Magen- und Gallenschmerzen winde?
Was nütze es, wenn ich von einer Speise, auf die ich Lust habe soviel esse, daß ich sie nicht mehr ansehen und riechen kann ?
Und lieber keine Perfektion in einem Detail, wenn insgesamt das Ambiente Freude macht

Und vor allem: Wenn der Gipfel der Freude erreicht ist, soll man den Abstieg ins Tal beginnen. Was das Essen betrifft, bedeutet dies:
Wenn es am besten schmeckt ist es Zeit das Mahl zu beenden.

Die 3. Regel

DIE ÖKOLOGIE DER FREUDE

FREUDE ALS UMWELTZIEL

Die Ökologie ist die Lehre von der Beziehung des Menschen zu seiner Umwelt. "Oikos" kommt - wie könnte es anders sein - aus dem Griechischen und bedeutet "Lebensraum". Moderner ausgedrückt eben Umwelt, wobei ich Lebensraum eigentlich treffender finde.

Das bedeutet nicht nur die Lehre von der Beziehung zur Natur und zu natürlichem Essen, wie es die meisten immer noch meinen, sondern auch zu seiner Wohnung, zu seiner Kleidung, zu seiner Arbeit, zu seinen Mitmenschen und zu sich selbst im weitesten Sinne.

Die 3. Regel lautet daher:

HANDLE IMMER SO, DASS DIE SUMME DEINES HANDELNS DEN LEBEWESEN DEINES LEBENSRAUMES(Der Natur) U N D DIR UND DEINEN MITMENSCHEN FREUDE BEREITET

Erläuterung:

Das Geheimnis des Erfolges liegt im Wörtchen "und". Was nützt es, wenn Sie ein biologisch wertvolles Essen

aus natürlichem Anbau bereiten und es so präsentiert wird, daß einen der Ekel packt ?
Was nützt es, wenn Sie Ihren Mitmenschen mit rüden Worten beschimpfend dazu treiben, daß er seinen Müll entsorgt oder - besser - vermeidet ?
Ihr Mitmensch ist Teil Ihres Lebensraumes und was Sie an Belastung für die Natur gewonnen haben, haben Sie an Achtung - und damit an Freude - verloren. (Dieser Öko-Faschismus, oder -Fundamentalismus ist sehr schädlich, denn er erzeugt Aggressionen, statt Lernprozesse auszulösen)
Was nützt es, wenn Sie einen Naturkostladen ehrlich und mit Anstand führen, aber nicht damit werben, ihn keiner findet oder ein solches Chaos im Laden haben (Socken neben Käse etc.), daß keine Freude aufkommt, dort zu kaufen ?
Was nützt es, wenn ein Vollwertbäcker oder ein Restaurant hundertprozentig ehrlich bäckt und kocht, aber Bäcker, Koch oder Personal sind unfreundlich ?

Wenn man darüber nachdenkt, was der Natur Freude macht, wird man die klare Erkenntnis gewinnen, daß es nicht das Ziel sein kann, Müll zu sortieren und zu entsorgen, sondern Müll zu vermeiden.
Dies kann ich durch Bescheidenheit in meinen Ansprüchen, durch die Überlegung was wirklich für meinen Konsum, für meine Freude wesentlich ist und indem ich die herrliche Gabe des menschlichen Gehirns - Ideen zu entwickeln - nutze.

Beispiel: Statt darüber zu lamentieren, daß die Unmengen an Plastikpackungen von Joghurt und Puddingbechern nicht richtig entsorgt werden und auf indischen Müllhalden auftauchen, sollte man lernen, Joghurt und Pudding selbst zu machen. Es ist ganz einfach, schmeckt gut und macht Spaß. Oder man verwendet die schönen Gläser mancher Hersteller, die man für viele andere Dinge auch nutzen kann.
Wenn die Politiker sich an diese Regel halten würden und darüber nachdenken, was man tun muß, damit Natur und Mensch mehr Freude an unserem Lebensraum haben, kommt man fast automatisch auf die Idee, daß es mehr bringt ein paar Fernsehspots und Anzeigen zu schalten, die Müttern und Vätern und den zahlreichen Singles erklärt, wir man Müll vermeidet, als grüne Punkte etc. auf Verpackungen zu drucken.

Die 4. Regel

DIE ÖKONOMIE DER FREUDE

Diese Regel ist gerade in unserer angeblich ökonomisch orientierten Gesellschaft vielleicht die wichtigste. Denn das Gegenteil dieser nachfolgenden Weisheit Epikurs treibt gerade in der Wirtschaft, deren materielle Ziele eine Art Philosophie(Sinn)-Ersatz wurden, die schrecklichsten Auswüchse und führt ins Verderben.
Noch nie zuvor wurden durch den Zusammenbruch oder durch riesige Verluste großer Firmen und Konzerne Menschen ihres Lebenssinns beraubt, für die ihre Arbeit Sinn und Schutz bedeutet.
Noch nie zuvor starben noch junge Manager so zahlreich an Herzinfarkt oder Krebs.

Dies alles, weil man folgende Regel nicht beachtet:

Die 4. Regel lautet:

STELLE FEST, WAS DEINE FREUDE KOSTET UND ARBEITE (VERDIENE) NICHT VIEL MEHR, ALS DU FÜR DEINE FREUDE BRAUCHST.

Erläuterung:

Wenn man sorgfältig überlegt, was einem eigentlich wirklich Freude macht, dann kommt man zu dem Ergebnis, daß es das ist, was den ureigensten Fähigkeiten, dem Wissen und dem Talent und seinen Kräften (Ressourcen) entspricht.
Und der Aufwand für etwas, was wirklich Freude macht, ist sinnvoll, weil Freude ein mächtiger, positiver Synergieeeffekt ist (auch wenn es der Erwerb eines Porsches sein sollte).

Warum machen viele Menschen, Firmen etc. pausenlos Dinge, die ihnen gar nicht liegen und damit Defizite in Geld und Arbeitskapital ?
Weil ihnen vorgegaukelt wurde, daß das materielle maximal Erreichbare automatisch Erfüllung, Sinn und damit Glück bedeutet.
Wenn man den Traum hat, einmal einen Porsche zu haben, warum nicht ? Wenn man drei Stunden im Stau mit einer Durchschnittsgeschwindigkeit von 50 km/h damit gefahren ist, wird man sich zumindest keinen zweiten anschaffen und überlegen, was man Sinnvolleres mit dem Geld für seine Lebensfreude hätte anstellen können.
Wenn man sich den Traum erfüllt hat, die Fürstensuite des Hotels für DM 800 / Nacht (und mehr) zu buchen und entdeckt hat, daß man deshalb nicht besser geschlafen hat, man aber nachgerechnet hat, daß man für die Mehrkosten auch mehr arbeiten muß, wird man es nicht so oft wieder tun.

Wenn ein Firma als Ziel hat, daß sie das tut, was dem Wissen ihrer Mitarbeiter und den Notwendigkeiten des Marktes entspricht (echter Bedarf) und dieses Ziel in einer Qualität erfüllt, daß alle sich freuen können und Ihr Gewinnziel, einschließlich einer Reserve auf eine Zahl beschränkt, die im Verhältnis zu Ihrer Größe steht, ist dies ökonomischer und ökologischer. Und es gäbe weniger Pleiten und Arbeitslose.

Bescheidenheit macht frei, sagt Epikur.

Warum gibt es in der Natur keinen Müll ?

Wieso ist das System der Natur so phantastisch organisiert, daß es keinen Abfall gibt und alles verwertet wird ?

Antwort:
Weil das System "Natur" und seine Kreislaufwirtschaft nicht mehr produziert, als es braucht.

Die "Entzauberung der Moderne, das ungute Gefühl, ja die Angst, daß das PROJEKT MODERNE scheitern könnte"(Prof. Dahrendorf), kommt aus der ernüchternden Erkenntnis, daß die maximale Ausnutzung aller technischen und organisatorischen Möglichkeiten als Wertziel der modernen Leistungsgesellschaft den Menschen weder besser noch ihm mehr Lebensfreude und Gesundheit verschafft hat.

Wozu also ?

Es ist im Sinne der Ökonomie, also der Lehre, wie man mit möglichst geringem Aufwand den besten Nutzen erhält (im Sinne von "Mehrwert") besser, wenn als maximaler Nutzen die Freude als "Synergie aller rationalen und irrationalen Fakten" definiert wird .
Das hat für jeden andere Ziele und Planungen zur Folge. Die Individualität und die subjektive Frage nach dem Wesentlichen ist das Thema.
Aber wenn sich jeder Mensch, aber auch jede Firma bzw. deren Manager die Frage stellen: "Was freut uns eigentlich zu tun, welches Ziel freut uns wirklich und dementsprechend: was kostet meine/unsere Freude?", dann entsteht ein neues Paradigma, ein neues Wertziel und damit eine neue Kultur, die ökonomischer und gesünder ist.

Auch nähert sich damit das Ziel ÖKOLOGISCH = ÖKONOMISCH, das was die Natur schafft, und macht unseren Lebensraum lebenswert und finanzierbar.

Die Freude ist wie ein großer Berg und jeder kann an einer anderen Stelle die Wanderung beginnen.
Und jeder kann seinen eigenen Weg wählen, sein eigenes Tempo. Der eine langsam, der andere schneller.
Auf dem Gipfel der Freude werden sich alle treffen.

FREUDE IST DER WEG UND DAS ZIEL

Die 5. Regel
Wie man Freunde gewinnt und Glück in seinen Beziehungen findet
Leitlinien zur Freude am Sex

Epikur sagte in einem seiner Briefe:
"Die Fähigkeit Freundschaft und Liebe zu gewinnen, ist unter allem, was Weisheit zur Glückseligkeit beitragen kann, bei weitem das Bedeutendste"

Bei der fünften Regel wird deutlich, was Epikur meinte, als er auf dem Sterbebett sagte, daß nur der, der alle 7 Regeln des Glücks anwendet, auch wirklich glücklich wird.

Denn die nachfolgende siebte Regel implementiert die erste und auch Teile der dritten und vierten.
Es zeigt seine große Weisheit, daß er der Fähigkeit, Freundschaft - also Liebe - zu gewinnen in seinem philosophischcn Gebäude den wichtigsten Stellenwert einräumt.
Deshalb ein kurzer Ausflug zum besseren Verständnis.
Liebe wird fälschlicherweise als eine angenehme Empfindung gesehen, die man rein zufällig erfährt, wenn man Glück hat. Erwecktes Begehren ist noch nicht dasselbe wie Verliebtheit; und auch diese bleibt viel zu oft unerwidert ("unglücklich"). Die meisten Menschen sehen daher das Problem der Liebe als das Problem, selbst geliebt zu werden statt lieben zu können, und es

geht für sie nur darum, wie man es erreicht, geliebt zu werden.
Die zweite Fehlmeinung liegt in der Tatsache, daß die Liebe als Objekt oder Phänomen verstanden wird und nicht als Fähigkeit, die erlernbar ist. Viele Menschen meinen, zu lieben sei ganz einfach, schwierig sei nur, den richtigen Partner zu finden, von dem man geliebt wird, ohne das alles "schwierig" wird.
Der dritte Irrtum besteht in der Verwechslung des Anfang-Ereignisses "sich zu verlieben" und dem permanenten Zustand "zu lieben". Zwei Menschen, die einander fremd waren, lassen plötzlich die trennende Wand zwischen sich zusammenbrechen und erleben einen Augenblick des Einsseins - doch die neue Vertrautheit verliert immer mehr den geheimnisvollen Charakter. Die heftige Verliebtheit wird oft als Intensität der Liebe gewertet, während sie oft nur Beweis dafür ist, wie einsam die Menschen vorher waren. Kaum eine Aktivität im Leben eines Menschen wird mit so vielen Hoffnungen begonnen und schlägt so regelmäßig fehl - und doch sind wir noch weit davon entfernt, die Liebe als erlernbare Kunst zu verstehen.
Der erste Schritt dazu liegt im Anerkennen der Liebe als Aktivität , nicht als passiver Effekt. Sie ist etwas, das man in sich selbst entwickelt, nicht etwas, dem man verfällt. Ganz allgemein kann man den aktiven Charakter der Liebe so beschreiben, daß man sagt, sie ist in erster Linie Geben und nicht Empfangen. Geben bereitet mehr Freude als Empfangen nicht deshalb, weil es ein Opfer ist, sondern weil im Akt des Schenkens die eigenen Lebendigkeit zum Ausdruck kommt. Das elementarste Beispiel findet sich im

Bereich der Sexualität. Der Höhepunkt der männlichen Sexualfunktion liegt im Akt des Gebens durch Penetration und Befruchtung. Er kann nicht anders, wenn er potent ist; wenn er nicht geben kann, ist er impotent. Bei der Frau handelt es sich um den gleichen Prozeß, aber er läuft etwas komplexer ab. Bei ihr gibt es einen weiteren Akt des Gebens, nicht als Geliebte, sondern als Mutter bzw. "Quasi-Mutter" - wissenschaftlich mit dem etwas brutalen Wort "Brutpflegetrieb" bezeichnet, der beim Mann ebenfalls vorhanden ist, wenn auch nur rudimentär.

Auch im materiellen Bereich ist das Geben eigentlich das Wesentliche. Der Hortende, der ständig Angst hat, etwas zu verlieren, ist psychologisch gesehen ein armer Habenichts, ganz gleich, wieviel er besitzt.

Der wichtigste Bereich des Gebens liegt jedoch nicht im Materiellen, sondern im zwischenmenschlichen Bereich. Ein Mensch gibt dem anderen etwas, das in ihm lebendig ist - er gibt ihm von seiner Freude, von seinem Interesse, von seinem Humor, von der Traurigkeit - und steigert damit beim anderen das Gefühl des Lebendigseins.

Indem er gibt, kann er nicht umhin, im anderen etwas zum Leben zu erwecken, und dieses zum Leben Erweckte strahlt auf ihn zurück; wenn jemand wahrhaftig gibt, wird er ganz von selbst zurückempfangen. Für die Liebe im besonderen bedeutet dies: Die Liebe ist eine Macht, die Liebe erzeugt.

Und dies trifft nicht nur auf die Beziehung zwischen Mann und Frau zu, sondern allgemein auf alle Beziehungen, sei diese geschäftlich, zu seiner unmittelbaren Umwelt oder zu Fremden.

Deshalb lautet die fünfte Regel:

Stelle Dir in Deiner Beziehung zu einem anderen Menschen immer wieder die Frage, was diesem Freude macht, auch und gerade dann, wenn Du nur Deine eigene Freude oder eigenes Leid im Kopf hast. Überwinde diese eine Sekunde und Du wirst selber die meiste Freude und Freundschaft erhalten.

Immer wieder habe ich dies probiert, der ich selbst noch immer ein Lernender bin:
Man erhält in einer Beziehung eine Ablehnung, man spürt eine Wand und weiß nicht warum. Oder es gab einen Streit und man ist selbst müde, beleidigt oder traurig. Oder man ist bei einer Behörde und man möchte vor Wut schreien und schlagen., weil etwas nicht funktioniert, obwohl man alles getan hat, etc. Wenn man aber nun diese eine Sekunde (vielleicht sogar mit der Faust in der Tasche) des "inneren Schweinehundes" überwindet und laut oder nur innerlich sich fragt, welche Freude man dem anderen vermitteln kann , um die Sperre zu überwinden, erlebt man wahre Wunder!

In dem Maße, wie die Freude des anderen zusammenpaßt mit unserer eigenen Freude und der Synergiebilanz der eigenen Person, ergibt sich der Stellenwert der Beziehung für uns selbst.

Das ist gerade im sexuellen Bereich wichtig.

Leitlinien zur Freude am Sex:

Die Hauptaussage Epikurs, daß das Ziel unseres Daseins Lebensfreude ist, wozu Gesundheit gehört und diese wiederum Gesundheit schafft, trifft selbstverständlich auch auf den sexuellen Bereich zu.
Sich-selbst-anzunehmen und auch eine Krise anzunehmen ist eine der wichtigsten Leitlinien und Lehrsätze. Auch für das sexuelle Verhalten. Das Freud´sche Schlüsselerlebnis: Jeder Mensch hat eine andere erotische Phantasie. Viele erfahren diese im Unterbewußtsein. Lernen wir sie doch kennen - und freuen wir uns daran! für den einen mögen es die Spitzen eines Unterrockes sein, die Hände, die Stimmen, ein typisches Aussehen und Verhalten (z.B. Nordländische langbeinige blonde, samtweiche asiatische, impulsive schwarze) Menschen, eine Art zu gehen oder zu blicken, Strapse, Strümpfe, Boxer-shorts Leder, bestimmte Stellungen, bestimmte Photos, Farben, Gerüche, Düfte, etc.
Wenn wir wissen, was wir gern haben, sollten wir es annehmen und uns daran freuen, was es auch immer sei. Es gibt kein "abnormal", wenn es für uns normal ist, daß es Freude bereitet, Phantasie auslöst, erotische Sensationen ermittelt.
Das heißt um Gottes Willen nicht die wahllose Konsumation von Sex, im Gegenteil, es bedeutet eine qualitative Auslese jener Dinge, von denen wir wissen, daß sie uns guttun und erfreuen, aber nicht gefährden. Ein gewisser Schuß Egoismus dabei kann im sexuellen Bereich nur von Nutzen sein.. Denn...

Wenn Sie sich froh und glücklich fühlen, können Sie diese Kraft, die von Ihnen ausströmt, auch dem Partner vermitteln. Natürlich kann und sollte jeder sich hingebungsvoll um des Partners Freude bemühen, aber wohl wissend, daß man dessen Egoismus jetzt Vorrang läßt. Jedenfalls halte ich es für völlig verkehrt, wenn der Mann oder auch die Frau besessen ist von dem Gedanken, dem Partner Lust zu verschaffen in einer Art Leistungsdruck, und damit die eigene Lust vergißt, bzw. sie unterdrückt (es sei denn, diese Hingebungskunst für den Orgasmus des Partners ist für Sie ein erotisches Schlüsselerlebnis).

Die gegenseitige Orgasmusjagd, die zum Ziel nicht die Freude, sondern den Orgasmus als Trophäe, gewissermaßen als "Sozialprestige" zum Ziel hat, ist lächerlich, ungesund und bringt letztenendes gar nichts.

Man sollte sich darüber im klaren sein, daß es seltene Sternstunden sind, wenn zwei Partner gleichzeitig zum Höhepunkt kommen. Leider sind durch viele Bücher, Pornofilme etc. die Menschen heute arg auf dieses Leistungsbild eingetrimmt. Es wäre viel besser, wenn sich jeder vorrangig um seinen eigenen Orgasmus - natürlich mit Hilfe des Partners und unter Einbeziehung von diesem - kümmerte, wobei der Weg dorthin oft mehr Freude bereitet als der Orgasmus selbst, jedenfalls aber gleich viel.

Es wäre auch besser und gesünder, wenn man endlich einmal den Unterschied der Geschlechter akzeptiert und nicht durch die ewige Gleichmacherei, die biologisch einfach nicht stattfindet, überall nur schlechtes Gewissen

und Unlustgefühle verbreitet. Dazu gehört zum Beispiel die Tatsache, daß nun einmal der Mann im Gegensatz zur Frau nur dann einen Orgasmus bekommt, wenn er eine Erektion hat. So banal dies klingt, so wenig sind sich die Frauen dieser Tatsache bewußt, und die Männer, voll Schuldgefühl, verdrängen es. Der aufwendige Vorgang der Erektion des Mannes ist nämlich nur möglich bei einem großen Ausmaß von Reizen, eben den besagten Schlüsselreizen. Mit zunehmendem Alter braucht es dazu mehr und andere, mit einem Wort Abwechslung. Der Abwechslungsbedarf ist beim Mann einfach deshalb größer, um diese Erektion zu produzieren, die ja ein beachtlicher biologischer und physiologischer Vorgang ist (bei der Frau nicht stattfinden muß).Ferner ist es eine ebenso banale wie verdrängte Tatsache, daß der Mann seinen Orgasmus - der in ihm das männliche Lebensgefühl freudvoll wachsen läßt - als Erfüllung seines Urtriebes nur durch eine Penetration erreicht. Und nur, wenn er sich da austoben kann, gewinnt er jene Lebensfreude, jenes Lebensgefühl, das er braucht. Leider ist es in der feministischen Gesellschaft schon so weit, daß viele Männer ihrem ganz normalen Urtrieb nicht mehr folgen, aus lauter Angst, die Dame ihres Herzens zu verschrecken, zu früh zu "kommen", oder wenn sie zu sehr nach Herzenslust an ihrer Erfüllung arbeiten, als "Male chauvinist-pigs" abgekanzelt zu werden.
Was nützt es aber der Frau, wenn der Mann nicht jene Freude empfindet und genießt, die ihn Mensch sein läßt und die sich auch auf seine Partnerin überträgt. Umgekehrt

müßten so viele Frauen, die genau wissen, daß sie ihren Orgasmus in den meisten Fällen auf ganz andere Weise bekommen, ihren Partner am besten um das bitten, was sie brauchen, oder es selbst tun. (Kommt eine Frau erst allmählich durch ihren Partner darauf, was sie freut - um so besser.) Mann und Frau brauchen Abwechslung in einem Klima der Freude und des Vertrauens.
Der Mann braucht vermehrt Abwechslung, um funktionieren zu können, und er muß seinem Urtrieb folgen können. Das gleiche gilt im Prinzip auch für die Frau, nur daß bei ihr die Prioritäten anders gesetzt sind und die Mechanismen physiologisch und psychologisch anders ablaufen.
Laßt uns das Anderssein der Geschlechter wieder genießen! Hier war Epikur mit seiner Groß- Familie der "Philosophen vom Garten " und dem unverkrampfen Umgang des kultiviertem Spieles der Geschlechter mit ihrer differenzierten Erotik unglaublich fortschrittlich

Liebe ist vor allem und zuerst Freude am Dasein und Sosein eines Menschen, also auch seinem Anderssein. Dieses Anderssein und die erwähnte physiologische und psychologische Abwechslung muß nicht unbedingt Partnerschaften und Ehen zerstören, wie es laufend der Fall ist.
Wer nämlich akzeptiert, daß diese biologische Notwendigkeit besteht, ja dafür da ist, für den Partner jene Impulse auszulösen, die Lust und Freude erzeugen, der beginnt den Pfad der wahren Liebe zu betreten.

Die Kunst des Liebens als Lebenskunst besteht darin, Freude zu empfinden, zu geben und die Freude des Partners zu lieben.

Denn die Liebe ist nicht das Ergebnis einer sexuellen Befriedigung, sondern das sexuelle Glück ist das Resultat der Liebe.

Wenn man die am häufigsten auftretenden Sexualprobleme untersucht - die Frigidität der Frau und die psychisch bedingte Impotenz des Mannes -, so erkennt man, daß die Ursache dafür nicht in der mangelnden Kenntnis der richtigen Technik, sondern in den Hemmungen zu suchen ist, die es unmöglich machen, zu lieben. Angst oder Haß gegenüber dem anderen Geschlecht liegen diesen Schwierigkeiten zugrunde, die einen Menschen hindern, sich ganz hinzugeben und aus dem Vertrauen auf den Partner heraus beim unmittelbaren körperlichen Kontakt spontan zu reagieren. Wenn ein sexuell gehemmter Mensch es fertigbringt, sich von seiner Angst oder seinem Haß freizumachen und auf diese Weise fähig wird zu lieben, dann sind seine sexuellen Probleme gelöst. Gelingt es ihm nicht, dann werden ihm auch noch so umfassende Kenntnisse über Sexualtechniken nicht helfen.

Wie schon oft auch an anderer Stelle gesagt ist der Inhalt zwar nicht alles, aber jedenfalls wichtiger als die Verpackung; die Verpackung verstanden als biologischer Impuls - zur Einstimmung, um den Inhalt noch freudvoller zu genießen - ist epikuräische Lebenskunst. In dem Sinne ist zum Beispiel Dr.Erich Fromm, der große amerikanische Therapeut ein echter Epikuräer. Der geniale Schweizer C.G.Jung - neben dem Österreicher Sigmund Freud der zweite große Begründer der modernen Psychologie und Psychoanalyse - schrieb bereits 1945, daß der Konflikt zwischen Ethos und Sexualität nicht bloß eine direkte Kollision von Triebhaftigkeit und Moral, sondern ein Kampf um die Daseinsberechtigung eines Triebes oder um die Anerkennung einer in diesem Triebe sich ausdrückenden Macht handelt, die nicht mit sich spaßen läßt.

Eine Tatsache, ein Faktum, das sich auch unseren Sittengesetzen nicht fügen kann und will. Die Sexualität ist eben nicht bloß eine Triebhaftigkeit, sondern unzweifelhaft eine schöpferische Macht, die nicht nur Grundursache unseres individuellen physischen Lebens, sondern auch ein sehr ernst zu nehmender Faktor in unserem psychischen Leben ist.

Noch immer ist das Wissen davon, was für bedenkliche Folgen Störungen der Sexualität nach sich ziehen können, nicht Bestandteil der Allgemeinbildung. Das Versteckspielen, der" Stress", das Adaptationssyndrom, das entsteht, wo versucht wird, zwischen den anerzogenen - auch durch die Kirche stark beeinflußten - Sittengesetzen und den ureigenen physischen und psychischen Notwendigkeiten zu einer wahrhaftigen Form zu finden, ist Teil der Probleme unserer Zeit. Eine neue Moral der Wahrhaftigkeit muß diesem Versteckspiel ein Ende machen.

Eine neue Form der Wertschöpfung, die den Sinn des Lebens als Freude im praktischen Zusammenlebens im

Sinne hat. Neue Formen des Zusammenlebens, die ökologisch und ökonomisch sind, mit der Freude in Epikurs Sinne als Ordnung und Lebensziel und damit neue Gesetze, ja selbst neue Formen der Architektur, des Designs, das wären die alles und jeden befruchtenden Folgen.

(Siehe mein Buch: Familie mit beschränkter Haftung)

Die 6. Regel

DAS GEHEIMNIS VON NUTZEN UND ORDNUNG

Zu diesem Thema hat Epikur 350 Jahre vor Christus so Bahnbrechendes gelehrt, daß sich Philosophen der Moderne wie E. Kant, die hoch gefeiert werden, wie düstere Epigonen ausnehmen, die zwar gescheit sind, aber an vielem Wesentlichen vorbeigegangen sind.

Ich zitiere:

<< Gerechtigkeit an sich hat es nie gegeben. Alles Recht beruhte vielmehr stets nur auf einer Übereinkunft zwischen Menschen, die sich in jeweils verschiedenen großen Räumen zusammenschlossen und sich dahin einigten, daß keiner dem anderen Schaden zufügen oder von ihm erleiden soll.>>

<< Grundsätzlich ist das Recht für alle gleich, denn es bedeutet stets in der auf Gegenseitigkeit beruhenden Gemeinschaft etwas Nutzbringendes. Aber wegen der Besonderheiten eines Landes und aus anderen durch die Verhältnisse bedingten Gründen kann es nicht überall für alle gleich sein.>>

<< Man kann nicht in Freude leben, ohne vernünftig, edel und gerecht zu leben, aber auch umgekehrt kein vernünftiges, edles und gerechtes Leben führen, ohne in

Freude zu leben. Man kann dies also nicht, wenn jene Voraussetzungen fehlen.>>

<< Das Dasein der Weisen wird nur in nebensächlichen Dingen vom Zufall gestört, denn die wichtigen, wirklich bedeutenden hat seine Überlegung im voraus geregelt, hält sie auch im Laufe der Zeit in Ordnung und wird sie immer in Ordnung halten.>>

<< Niemand kann sich darauf verlassen, daß er unentdeckt bleiben wird, wenn er gegen die Abmachung, einander nicht zu schädigen, heimlich verstoßen hat, auch wenn er bis dahin tausendmal unentdeckt bleibt. Denn er lebt bis zu seinem Tode in der Ungewißheit, ob er nicht doch noch entdeckt wird.>>

<< Wenn du deine Handlungen nicht jederzeit nach dem von der Natur gesteckten Ziel ausrichtest, sondern ihnen, mag es sich um Meiden oder Streben handeln, vorher irgendeine andere Richtung gibst, dann werden die Taten nicht mit einem vernünftigen Denken übereinstimmen.>>

Die 6 Regel lautet daher:

Ordnung entsteht durch den Nutzen, den a l l e an einem System Beteiligten haben.

Durch den Nutzen für alle entsteht Freude für alle!

Das Geheimnis kommt aus dem Wort "alle". Denn durch den Nutzen für alle, mag er für einen mehr, für den anderen kleiner sein, entsteht Freude für alle und damit im ethischen, und damit auch letztlich juristischen Sinn, Sinne: Legimtimität. Ein gesellschaftlicher Konsens.

Jede Art von Gesetz und Ordnung, die nicht für alle, die es betrifft, sinnvoll, gerecht und damit nützlich ist, scheitert letztlich. Deshalb sind alle Diktaturen - nach endlosen, sinnlosen Gewaltanwendungen zur Durchsetzung einer Ordnung (Berliner Mauer, chinesische Mauer Konzentrationslager,) gescheitert, weil dies wider die Natur ist. Bis zum heutigen Tage. Gefängnisse, ein Rest des Mittelalters, die so primitiv und Freudefrei sind, daß die Insassen, das eigene Leben verachtend einsetzend ausbrechen, Geisel nehmen, sprengen und morden nur um der Repression zu entfliehen sind kostspielige Zeitbomben.
Man kann keine Ordnung durchsetzen, die nicht von jenen mitgetragen wird, die die Ordnungsmaßnahmen (Gesetze etc.) betreffen und von allen als sinnvoll anerkannt werden. Strafe für Fehlverhalten muß sein, aber sie muß sinnvoll sein so daß die Bestraften ihre Legitimität akzeptieren können.
Ordnung ohne Nutzen kreiert Gewalt und Chaos

Dies betrifft den Staat wie eine Firma, oder eine Familie, und den Umgang mit der Natur, wie auch mit sich selbst

Die 7. Regel

DAS GESETZ DER CHANCE DURCH DIE KRISE

Jede Philosophie, jede Regel, jede Beziehung zwischen Menschen, jeder Mensch selbst ist nur so gut, wie die Fähigkeit, eine Krise zu überwinden.

Ganz gleich, ob es ein Streit ist, materielle Probleme, Konkurs, eine schwere Krankheit oder der Tod. In dem Maße, wie Krisen als selbstverständlicher Teil des Lebens gelassen betrachtet werden, stellen sie immer hervorragende Chancen der Erneuerung und Umgestaltung dar.

Es gilt daher die 7. Regel:

In dem Maße, in dem Du erkennst, daß jede Krise eine Chance ist und Du Deine Kraft, Deinen Verstand nicht damit vergeudest, zurückzuholen, was nicht mehr zu retten ist, sondern für Dein zukünftiges Glück einsetzt, wirst Du die Krise überwinden. Sie wird Dein Freund werden. Selbst der Tod.

Man sollte so vorgehen, daß man sagt: "*Komm Krise, alter Freund, Teil des Lebens, setz Dich her neben mich und laß uns reden*."

Angst ist der Feind der Freude. Der große Antipode.

Anhang:

Epikur-Zitate

Der Tod ist für uns ein Nichts, denn was der Auflösung verfiel, besitzt keine Empfindung mehr. Was aber keine Empfindung mehr hat, das kümmert uns nicht.

Das Höchstmaß der Freude ist erreicht, wenn alle Schmerzen beseitigt sind. Denn wo die Freude eingezogen ist, da gibt es, solange sie herrscht, weder Schmerzen noch Qualen oder gar beides.

Man kann nicht in Freude leben, ohne vernünftig, edel und gerecht zu leben, aber auch umgekehrt kein vernünftiges, edles und gerechtes Leben führen, ohne in Freude zu leben. Man kann dies also nicht, wenn jene Voraussetzungen fehlen.

Wenn die Furcht vor den Naturerscheinungen, die Besorgnis, der Tod habe für uns vielleicht doch etwas zu bedeuten, und die Unkenntnis über die Grenzen der Schmerzen und Begierden uns nicht beunruhigten, dann brauchten wir keine Naturerkenntnis.

Man wird die Furcht, die uns beim Fragen nach den letzten Dingen beschleicht, unmöglich los, wenn man über die Beschaffenheit des Alls nicht unterrichtet ist und daher argwöhnen muß, es könne an dem, was die Göttermythen darüber berichten, doch etwas Wahres sein. Ohne Naturkenntnis kann man also keine Freude vollkommen genießen.

Wenn die Sicherheit vor den Menschen sich auch bis zu einem gewissen Grade durch Macht stützen und durch Reichtum befestigen läßt, so ist doch echter die, welche das Leben in der Stille und die Zurückgezogenheit vor der Masse verleihen.

Der Reichtum, den die Natur verlangt, ist begrenzt und leicht zu beschaffen, der dagegen, nach dem wir in törichtem Verlangen streben, geht ins Ungemessene.

Das Dasein des Weisen wird nur in nebensächlichen Dingen vom Zufall gestört, denn die wichtigen, wirklich bedeutenden hat seine Überlegung im voraus geregelt, hält sie auch im Laufe der Zeit in Ordnung und wird sie immer in Ordnung halten.

Das Leben eines Gerechten wird am wenigsten von Unruhe gestört, das des Ungerechten ist mit größter Unruhe angefüllt.

Das leibliche Behagen nimmt nicht mehr zu, sobald der Schmerz des Entbehrens ausgetilgt ist, es verfeinert sich nur. Die höchste geistige Freude aber gewinnt, wer die Abschätzung eben der Dinge, die dem Denken die größten Ängste bereiten, richtig vollzieht.

Wer die Grenzen des Daseins erkannt hat, weiß, daß all das leicht zu beschaffen ist, was den Schmerz des Entbehrens austilgt und das ganze Leben vollkommen macht. Ihn verlangt also nicht nach Bemühungen, die nur Kämpfe mit sich bringen.

Wenn du alle Sinneswahrnehmungen verwirfst, dann besitzest du auch keine Stütze, auf die du dich beziehen kannst, um eine einzelne für irrig zu erklären.

Verwirfst du irgendeine Sinneswahrnehmung und unterscheidest dabei nicht zwischen dem auf Grund bloßer Erwartungen nur Angenommenen und dem, was du tatsächlich wahrnehmen konntest, sowie zwischen Empfindung und Vorstellung, dann wirst du mit deiner verkehrten Meinung auch alle übrigen Sinneswahrnehmungen verwerfen und damit jedes Kriterium verlieren. Wenn du dagegen die Sinneswahrnehmungen als zuverlässig ansetzest, aber die bloß auf Erwartung beruhende Vorstellung und überhaupt alles, was durch die Sinne nicht bestätigt wird, als unzuverlässig ansiehst, dann kann dir das jeden inneren Zwiespalt ersparen; denn die Entscheidung darüber, was richtig und was unrichtig ist, wird leicht, wenn wir postulieren, das wir mit den Sinnen alles zuverlässig überwachen können.

Der überwindet die Unsicherheit gegenüber seine Umwelt am besten, der sich so weit als möglich mit jener vertraut macht und, wo dies unmöglich ist, wenigstens dafür sorgt, daß sie ihm nicht fremd ist. Mit allem aber, bei dem ihm nicht einmal dies gelingt, läßt er sich gar nicht ein. Der Kluge stützt sich nur auf das, was ihm hilft, sicher zu werden.

Wenn du deine Handlungen nicht jederzeit nach dem von der Natur gesteckten Ziel ausrichtest, sondern ihnen, mag es sich um Meiden oder Streben handeln, vorher irgendeine andere Richtung gibst, dann werden deine Taten nicht mit einem vernünftigen Denken übereinstimmen.

Von den Begierden sind die einen naturbedingt und notwendig, andere naturbedingt und doch nicht notwendig, und wieder andere sind gar nicht naturbedingt, sondern einfach leerem Wahn entsprungen.

Alle Begierden, die keinen Schmerz hervorrufen, wenn man sie unbefriedigt läßt, gehören nicht zu den unbedingt notwendigen. Das in ihnen wirkende Begehren verflüchtigt sich schnell; spätestens sobald sich zeigt, daß sie unerfüllbar sind oder gar Schaden verursachen.

Die Fähigkeit, Freundschaft zu gewinnen, ist unter allem, was Weisheit zur Glückseligkeit beitragen kann, bei weitem das Bedeutendste.

Dieselbe Erkenntnis, kraft deren wir getrost sind, daß kein Schrecknis ewig ist oder auch nur lange währt, läßt uns auch einsehen, daß uns inmitten der zeitlich begrenzten Schrecknisse die Freundschaft erst die richtige Sicherheit verleiht.

Gerechtigkeit an sich hat es nie gegeben. Alles Recht beruhte vielmehr stets nur auf einer Übereinkunft zwischen Menschen, die sich in jeweils verschieden großen Räumen zusammenschlossen und sich dahin einigten, daß keiner dem anderen Schaden zufügen oder von ihm erleiden soll.

Niemand kann sich darauf verlassen, daß er unentdeckt bleiben wird, wenn er gegen die Abmachung, einander nicht zu schädigen, heimlich verstoßen hat, auch wenn er bis dahin tausendmal unentdeckt bleibt. Denn er lebt bis zu seinem Tode in der Ungewißheit, ob er nicht doch noch entdeckt wird.

Grundsätzlich ist das Recht für alle gleich, denn es bedeutet stets in der auf Gegenseitigkeit beruhenden Gemeinschaft etwas Nutzbringendes. Aber wegen der Besonderheiten eines Landes und aus anderen durch die Verhältnisse bedingten Gründen kann es nicht überall für alle gleich sein.

Menschen, welche die Möglichkeit besitzen, sich ihren Nächsten gegenüber in höchstem Maße sicher zu fühlen, die haben miteinander das freudevollste Leben schon gewonnen, weil sie dafür die sicherste Gewähr haben; und im Genuß der engsten Verbundenheit jammern sie auch nicht über den frühen Heimgang eines Toten, als ob er zu bemitleiden wäre.

Zwang ist ein Übel; aber es besteht keine Notwendigkeit, unter einem Zwang zu leben.

Nur einmal werden wir geboren, ein zweites Mal ist nicht möglich, und wir müssen dann eine ganze Ewigkeit hindurch nicht mehr sein. Trotzdem schiebst du den rechten Augenblick immer wieder hinaus und bist doch nicht einmal Herr über den morgigen Tag. Überm Zaudern schwindet aber das Leben dahin und so manche sterben, ohne sich im Leben jemals recht Zeit genommen zu haben.

Wenn man einander nicht sehen, nicht miteinander verkehren und nicht beisammen sein kann, verflüchtigt sich die Empfindung der Liebe bald.

Jede Freundschaft, so sehr sie auch an sich erstrebenswert sein mag, ist zuletzt doch auf den Nutzen gegründet.

Ich will den Menschen lieber auf Grund meiner Naturerkenntnis offen verkünden, was ihnen dienlich ist, auch wenn es keiner begreift, als etwa durch Zustimmung zum Unsinn den brausenden Beifall der Menge auf mich lenken.

Zur Freundschaft führt weniger der Wunsch nach dem, was wir von den Freunden verlangen, als vielmehr das Bedürfnis nach der Zuversicht, daß wir es von ihnen verlangen dürfen.

Man soll nicht aus Gier nach fernen Gütern die nahen gering achten, sondern bedenken, daß auch diese einmal zu den sehnlich erwünschten gehört haben.

Wir sind nur schwach gegenüber dem Üblen, nicht gegenüber dem Guten; denn durch Freuden werden wir gestärkt, durch Schmerzen aber geschwächt.

Man soll gegen niemand Neid hegen. Die Guten verdienen ihn nicht, und die Bösen schädigen sich in demselben Grade, indem ihre Pläne gelingen.

Man soll nicht bloß so tun, als liebe man die Weisheit, sondern sie wirklich lieben. Der Anschein, als wären wir gesund, nützt ja auch nichts, sondern allein die wirkliche Gesundheit.

Durch Zweifelsucht kann unser ganzes Dasein zerstört und für immer zum Trümmerhaufen werden.

Es ist sinnlos, von den Göttern zu fordern, was man selber zu leisten vermag.

Aus Angst, mit Wenigem auskommen zu müssen, läßt sich der Durchschnittsmensch zu Taten hinreißen, die seine Angst erst recht vermehren.

Kleine Seelen werden durch Erfolge übermütig und aufgeblasen, durch Mißerfolge niedergeschlagen oder zugrundegerichtet.

Nicht durch Mitklagen, sondern durch mitsorgende Hilfe beweist man dem Freunde seine Teilnahme.

Wem genug zu wenig ist, dem ist nichts genug.

Bei einem freien Leben kann man nicht viel Geld erwerben – außer man begibt sich in die Knechtschaft der Massen oder der Gewalthaber. Dafür hat man aber alles andere in dauernder Fülle. Sollte man dann zufällig auch einmal reichlich Geld haben, dann läßt sich dies am besten und leicht so aufteilen, daß man damit die gute Gesinnung des Nächsten gewinnt.

Die schönste Frucht der Selbstgenügsamkeit ist Freiheit.

Auf das Schöne, das keine Freude bringt, verzichte ich gern und verachte auch seine törichten Anbeter.

Die schönste Frucht der Gerechtigkeit ist Seelenfrieden.

Die Natur hat uns zur Gemeinschaft geschaffen.

Dank sei der gepriesenen Walterin Natur, daß sie das Notwendige leicht erreichbar schuf, das Schwererreichbare aber als nicht notwendig!

Nachwort

Ich habe mich entschlossen, die Suche nach der Freude zu beginnen und ich werde sie finden.
Dabei kann ich vom Philosophen Epikur und meinem kleinen Sohn etwas lernen. Epikur sagt, daß einer der Pfeiler der Freude die Bescheidenheit in seinen Ansprüchen ist.
Die Ökonomie der Freude.
Er stellt selbst an die Definition von Freude keine großen intellektuellen Ansprüche - er brauchte keine langwierigen Sätze. Er sagte: "Freude ist das Freisein von Schmerz."
Wenn ich der 4 Jahre alten kleinen Daniel Stefan beobachte, trifft das genau zu. Er strahlt und ist glücklich und fröhlich, wenn er frei ist von dem Schmerz des Hungers, des Durstes, des Lärms und des Liebesentzuges.
Es geht also darum, sein Leben so zu gestalten, daß man den Schmerz möglichst vermeidet und die Freude sucht.
Die Freude ist eine individuelle Angelegenheit. Und sie muß ernsthaft betrieben werden. Dies ist kein Widerspruch - was freut einen denn wirklich?
Dazu muß man erst einmal wissen, wer man ist und lernen, sich selbst anzunehmen. Und man muß wissen, was einen schmerzt. Und den Schmerz vermeiden oder beseitigen (Regel 1 dieses Buches!).

Der Weg zur Freude ist wie das langsame, beharrliche Wandern zum Gipfel eines Berges, bei dem mancher

Felsen der Erkenntnis mühsam überwunden werden muß, um den Pfad zum Gipfel fortsetzen zu können. Dabei ändern sich in den Phasen des Lebens auch die Prioritäten der Freude und des Schmerzes. Aber die Parameter bleiben immer gleich: Das Freisein von Schmerz ist die Voraussetzung für die Freude.

Man muß sehr gründlich erforschen, wie man zur Freude kommt. Es ist geradezu eine Managementaufgabe im Sinne von Planung, Analyse und Durchführung.

Ich glaube, es ist nicht möglich und sinnvoll aus dieser Welt auszusteigen, wie es viele tun und ich habe schon einmal den Fehler gemacht, von einer Welt in die andere zu wechseln, als ob der Mensch zwei Hälften hätte, die man ein- und ausschalten kann. Ich bin heute überzeugt, daß man Wirtschaft und Gesellschaft vernetzen muß und durchdringen mit Kunst, so daß letztenendes ein Lebens-Kunst-Werk entsteht.

Ob diese Welt nun gut oder schlecht ist, die Macht der Medien, den elektronischen Gigantismus, die Umweltzerstörung, integriert mit Kunst und Kultur, mag diese Welt vielleicht noch eine Chance haben. Etwas anderes kann man doch machen: Man kann durch Mittel der Kreativität und Kunst - die ich als Einheit von Inhalt und Form definiere - auf die Neurose unserer Gesellschaft aufmerksam machen und versuchen, den gesunden Menschenverstand, der Voraussetzung für die Freude ist, zu fördern. Dies jedenfalls bin ich entschlossen zu tun. Dabei stehe ich erst am Anfang.

Ich habe durch die Philosophie Epikurs gelernt, daß die Integration der eignen Welt mit dem Rest der Welt nur durch den Katalysator Kunst und Kultur mit der Freude als Lebensziel und Ordnungsfaktor möglich ist.
Mich interessiert dabei insbesondere das Konzept "Integrated art", durch das das Leben selbst zum Kunstwerk wird. Das bedeutet auch neue Betrachtungen über die Beziehungen, das Zusammenleben mit Familie und Staat. Unter Umständen muß man noch neue Formen des Zusammenlebens und eine "Neue Moral" und neue Ordnungsparameter anstreben, die ihre Wirkungen auch in der Ausbildung, in der Architektur und in einer neuen Form der Demokratie ihren Ausdruck finden.

Wir können die Chance der Krise, in der sich unsere Gesellschaft befindet nur wahrnehmen, wenn wir lernen, unser Leben wieder nach den wesentlichen, elementaren Dingen auszurichten.

Auch dafür steht das Loch - die Öffnung in meinen Büchern, als Symbol für die Synergie des Lebens.

ANTWORT, WARUM DIE BÜCHER VON R.S.TOMEK EIN LOCH HABEN:

"Damit auch jenen, die meine Bücher nicht wirklich lesen und/oder nicht verstehen, klar wird, daß es sich um ein Buch mit Durchblick handelt ! - Ein Zeichen, ein Spiel für Synergie und Vernetzung."

Reinhard Stefan Tomek